吉林大學藏甲骨集

Catalogue of Oracle Bones at Jilin University

吳振武

上

吴振武 主编

張文立 副主编

吴振武 張文立 周忠兵 崎川隆 何景成 编著

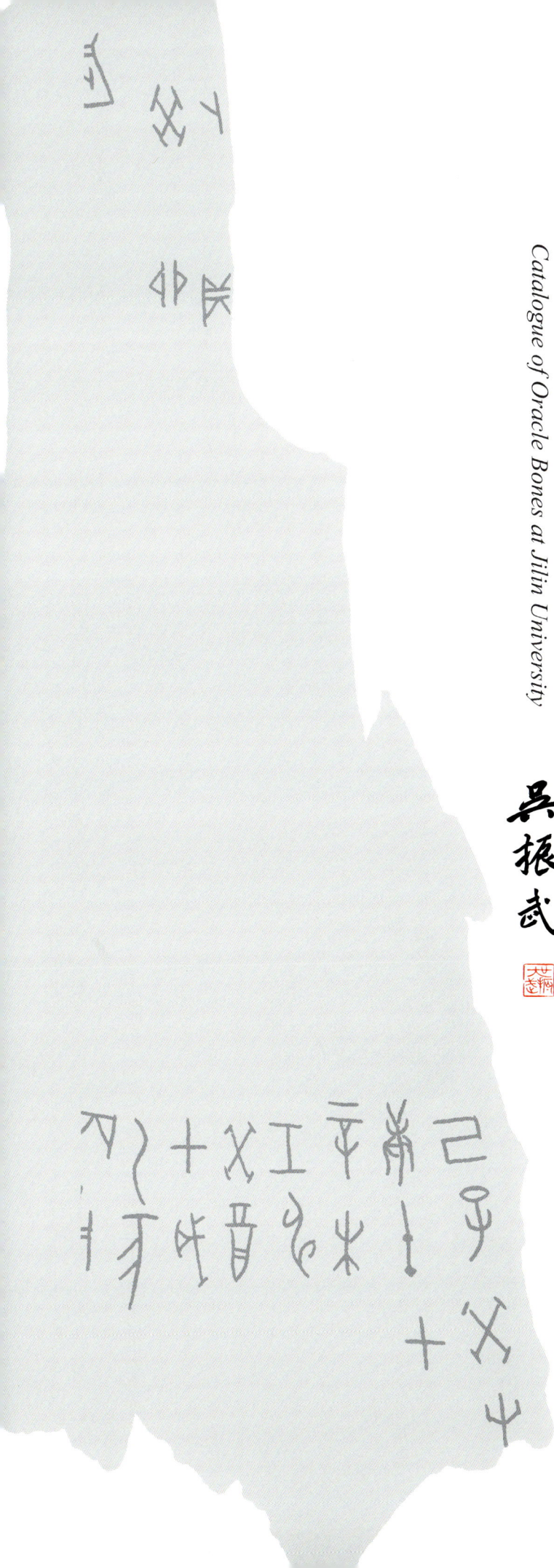

上海古籍出版社

圖書在版編目(CIP)數據

吉林大學藏甲骨集 / 吴振武主編; 吴振武等編著 . —
上海: 上海古籍出版社, 2021.11

ISBN 978 - 7 - 5325 - 9839 - 7

Ⅰ.①吉… Ⅱ.①吴… Ⅲ.①甲骨文-彙編 Ⅳ.
①K877.13

中國版本圖書館CIP數據核字(2020)第246868號

2020年度國家古籍整理出版專項經費資助項目

封面題簽: 吴振武
責任編輯: 顧莉丹
裝幀設計: 嚴克勤
技術編輯: 耿瑩禕

吉林大學藏甲骨集
(全二册)
吴振武 主 編
張文立 副主編
吴振武 張文立 周忠兵 崎川隆 何景成 編著
上海古籍出版社出版發行
(上海市號景路159弄A座5層 郵政編碼201101)
(1)網址: www.guji.com.cn
(2)E-mail: guji1@guji.com.cn
(3)易文網網址: www.ewen.co
上海雅昌藝術印刷有限公司印刷
開本 889×1194 1/16 印張 32.75 插頁 8
2021年11月第1版 2021年11月第1次印刷
ISBN 978-7-5325-9839-7

K·2941 定價: 1500.00元

本書獲

“教育部、國家語委甲骨文等古文字研究與應用專項”

“古文字與中華文明傳承發展工程”資助，特此鳴謝！

内容簡介

本書收録吉林大學所收藏的全部甲骨（包括僞刻和無字甲骨），共 496 版。全書分圖版、釋文、附録等部分。圖版包括彩照、拓片、摹本三種，其中彩照不僅有甲骨的正反面，還有側面和鑽鑿面，可爲讀者提供更多的相關信息。釋文部分除盡量準確的釋文外，還有對部分卜辭内容的進一步闡釋，可加深讀者對卜辭的理解。此外還附有每片甲骨的尺寸及重量數據。注明甲骨的重量，爲本書首創。附録部分包括多種表格，讀者可便利地檢索有關這批甲骨的著録、綴合、鑽鑿形態等多種信息。

本書不僅著録體例完備，所録甲骨亦不乏具有很高價值者。如第 13 版甲骨，爲丙種子卜辭與典賓類卜辭同版，這爲丙種子卜辭所屬時代的判斷，提供了重要信息。書中還有不少有價值的甲骨，可豐富我們有關商代歷史和語言方面的知識。

The present work is a complete catalogue of the 496 pieces of oracle bones (including some forgeries and uninscribed fragments) contained in the collection of Jilin University. The volume is divided into three parts; plates, interpretations of texts, and appendices. In the first part, which includes all of the pieces, the plates are reproduced in the forms of color photographs, rubbings, and drawings. The photographs provide not only the frontal views of the bones, but also reverse and sideviews, where chiseled hollows appear. In the second part, we tried to create the most accurate transcriptions and interpretations. In addition, in order to deepen reader's understanding of the oracular inscriptions, we provide more detailed explanations for some of them. In addition, as to the measurement of the bones, we recorded the size and weights of every fragment. It is notable that the weight of oracle bones have never been measured or published in previous oracle bone catalogues. The appendices include an assortment of tables and indices, such as of related publications, provenances, re-joined bones and so on. The aim is to help readers access detailed information about each fragment.

This collection not only provides a well-arranged and convenient form, but also contains many valuable records of Shang dynasty in content. For instance, in Plate 13 we can see that two different types of inscriptions (i.e., *Bingzhong-zi group and Dianbin group*) appear on a single fragment. This helps us to understand better the precise period and historiographical value of these inscriptions. Furthermore, in the collection, there are also many important inscriptions, which provide us with a great amount of information about the history and language of the Shang dynasty.

序

吉林大學考古與藝術博物館的前身，是創辦於上世紀50年代的吉林大學歷史系文物陳列室。目前館中收藏各類歷史文物逾萬件，其中殷墟所出甲骨約有近五百片。這些甲骨多是羅振玉貞松堂舊藏，過去曾有部分拓本刊布。收藏在吉林省博物院和旅順博物館等單位的甲骨，也大體屬同一來源。

歷來甲骨文著録，多爲拓本和摹本，少有照片，且多只刊布正面有字部分，反面無字的，則多闕如。此固然與從前的認識水平有關，但跟那時的拍攝與印刷條件有限也不無關係。現在我們知道，甲骨上的很多信息，僅靠拓本和摹本是無法反映的。换句話説，如果我們希望獲取甲骨上更多的信息，僅靠拓本之類，是遠遠不够的。因此，我在很多年前，就倡導甲骨文資料的二度開發，或稱深度開發；並在周忠兵君2007年赴美整理卡内基博物館所藏甲骨時，力勸他同時刊布甲骨的側面圖像。今天我們利用技術的便利，不僅可以提供每片甲骨的正反側六面圖像，甚至還會提供斜側面圖像，以方便研究者作更好的觀察。這種觀察，當然不僅限於文字；鑽鑿和兆痕之類，也是非常重要的一面。

呈獻在讀者面前的這部收録吉林大學所藏全部甲骨的圖録，便是我們二度開發舊有甲骨文資料的一次嘗試。得失如何，希望能得到同行專家的批評指教。

本圖録編纂工作分工如下：

吴振武——總策劃，並爲項目負責人。

張文立——負責測量、稱重、拍攝、墨拓與協調。

周忠兵——負責釋文與圖表製作。

崎川隆——負責摹本製作與英譯。

何景成——協助策劃與校讀。

此外，攝影工作由林雪川擔任，拓本製作由何海慧（中國社會科學院考古研究所安陽工作站）、張啓剛（遼寧省博物館）擔任。負責甲骨保管的楊平、宋淑湘、陳秋麗、李小燕等幾位館員，在圖録的編纂工作中也都付出了辛勤勞動。

本書編纂，曾獲教育部、國家語委“甲骨文等古文字研究與應用專項”立項資助，也獲得“古文字與中華文明傳承發展工程”的部分資助。上海古籍出版社積極支持本書的出版，責任編輯顧莉丹女士更是不辭辛勞，盡心盡責。這些都是我們尤爲感激並需要特别致謝的。

是爲序。

吴振武

2021年中秋於長春

凡　例

1. 本書收録吉林大學所藏全部甲骨，包括有字甲骨、僞刻、無字甲骨共496片。
2. 圖版部分包括照片、拓片、摹本，三者均按甲骨實物原大刊出。采用先照片、後拓片摹本的方式編排，其中拓片、摹本以一一對應的方式排列。照片爲全部甲骨的正面、反面、四個側面，以及爲凸顯鑽鑿形態的鑽鑿面。拓片不包括無字甲骨，摹本不含僞刻及無字甲骨。
3. 本書所録甲骨用阿拉伯數字統一編號，同版甲骨不同面分别命名爲正、反、側、鑽鑿面。
4. 本書所録甲骨先按刻辭字體進行分類，並大致按每類刻辭所屬時代的先後編排。同一組類的刻辭依照其内容再按祭祀、戰争、農業、田獵、氣象、吉凶、其他這樣的次序排列。分類及刻辭所屬時代的判定主要依據《殷墟王卜辭的分類與斷代》《殷墟甲骨分期研究》兩書。
5. 釋文按圖版次序逐一釋讀，此部分由“序號”“材質”“著録”“分類”“釋文”“解説”幾部分構成。具體有以下内容：

（1）“序號”爲本書著録甲骨的編號，序號後圓括號内爲館藏號，如1（7-613），即本書第1號甲骨，其館藏號爲7-613。館藏號中的“重”代表重號，如重7-52、重7-52大，表示館藏號中有三片甲骨編號爲7-52，爲了以示區别，將它們分别記作7-52、重7-52，重7-52大。另有三版無編號甲骨按大小、色澤分别命名爲無號小、無號大、無號黑。還有一版編號爲C-4的甲骨，係爲教學參考購置的僞刻甲骨。

（2）“材質”説明甲骨是何材質，以及甲骨的長、寬、厚及重量數據。胛骨的左右按臼角在右爲左胛骨、在左者爲右胛骨的標準判斷。龜腹甲分爲左右首、前、後、尾、甲橋，以及中甲十一種；龜背甲分左、右背甲兩種。若甲骨由於殘損過甚不易判定具體部分，則泛稱胛骨、龜腹甲或背甲。長、寬、厚、重量幾種數據采用四舍五入的方法，只保留到小數點後一位。

（3）“著録”部分列出此版甲骨以往的著録信息，若無則標明“未著録”。“<”指吉大的甲骨實物是《合集》等所録拓片的一部分，“>”指吉大的甲骨實物比《合集》等所録拓片要全。

（4）“分類”即據字體判定甲骨刻辭的組類。本書的組類包括師組小字、乙種子卜辭、丙種子卜辭、圓體類子卜辭、師賓間、賓一、典賓、賓三、歷一、歷二、出一、出二、何一、何二、無一、無二、黄組，若文字少不易細分則只分到大類，如師組、賓組、出組。

（5）“釋文”一般采用嚴式隸定，在圓括號中括注異體或通用字。一版甲骨的正反皆有文字，則釋文時注明“正”“反”，以明確刻辭的位置。若只是正面有刻辭則不作標注；只有反面有刻辭則標注“反”。釋文中以“□”表示缺一字，若干□連用則表示所缺之字爲若干，若所缺字數不詳則用“……”表示。“■”表示甲骨上可見殘畫但不知爲何字之殘，殘畫可識者直接釋出。據相關文例補出的文字加“[ ]”號標識。卜辭中的兆序、兆辭皆位於“〖 〗”中，緊接卜辭釋寫。釋文句末標句號。

（6）“解説”部分對每版甲骨中值得説明的問題作了分析，如成套卜辭、卜辭的理解、是否刻兆等。若無進一步可説明者，則此項不録。

（7）“分類”“釋文”部分不確定者采用問號下標的方式注明，如“賓組?”，説明此版甲骨刻辭是否賓組存疑。釋讀文字後的下標問號亦同。

6.“附録一”收録姚孝遂先生的《吉林大學所藏甲骨選釋》，可據此了解此批甲骨的早期研究情況。

7.“附録二”包括五種表格，分别爲“本書甲骨新編號與其他著録號的對照表”“《合集》著録號與新編號對照表”“吉大所藏甲骨綴合表”“甲骨鑽鑿形態及與卜辭的對應關係表”“引用論著簡全稱對照表”，可檢索本書甲骨諸如著録、鑽鑿形態、綴合等信息。

目　録

彩版

1 正、側

反

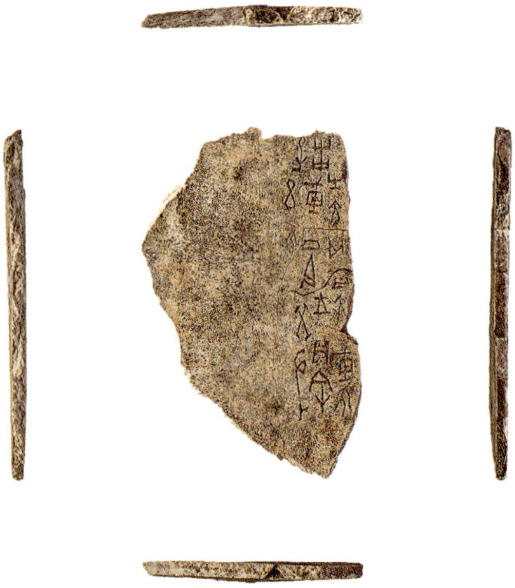

2 正、側

反

鑽鑿面

3 正、側　　反

4 正、側　　反　　鑽鑿面

5 正、側　　反　　鑽鑿面

6 正、側　　反　　鑽鑿面

7 正、側　　反　　鑽鑿面

8 正、側

反

鑽鑿面

9 正、側

反

10 正、側　　反　　鑽鑿面

11 正、側　　反　　鑽鑿面

12 正、側　　反　　鑽鑿面

13 正、側

反

14 正、側

反

鑽鑿面

15 正、側

反

鑽鑿面

反

16 正、側

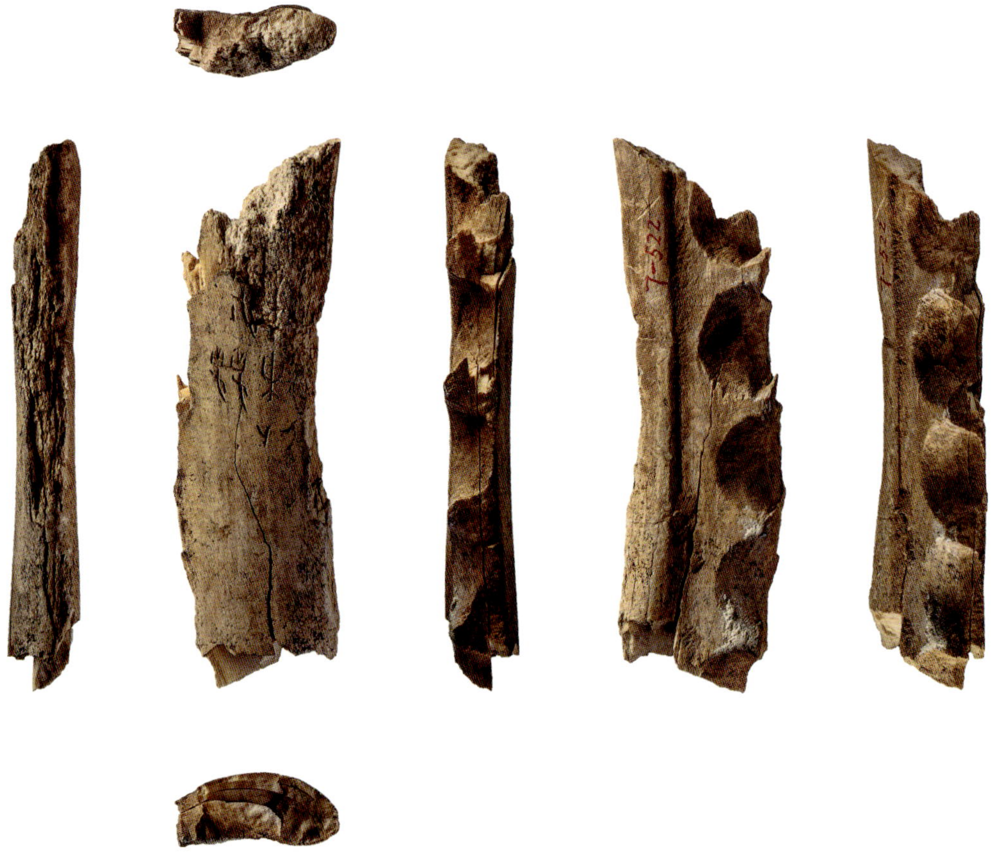

17 正、側　　反　　鑽鑿面

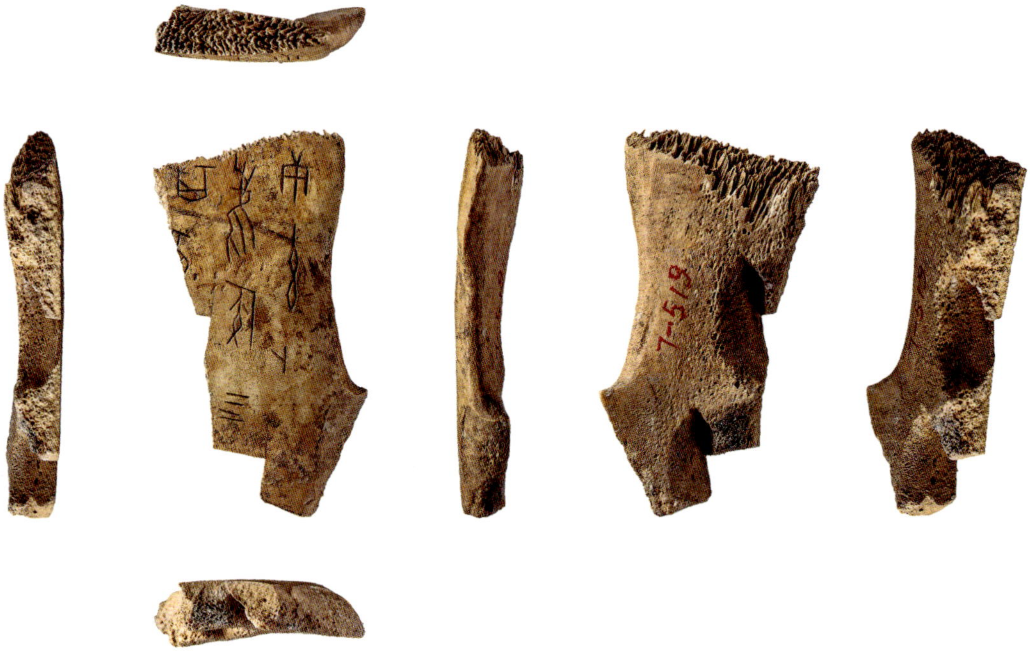

18 正、側　　反　　鑽鑿面

19 正、側　　　　反

20 正、側　　　　反　　　　鑽鑿面

21 正、側

反

鑽鑿面

22 正、側

反

鑽鑿面

23 正、側

反

鑽鑿面

24 正、側　　反　　鑽鑿面

25 正、側　　反

26 正、側　　反　　鑽鑿面

27 正、側　　反　　鑽鑿面

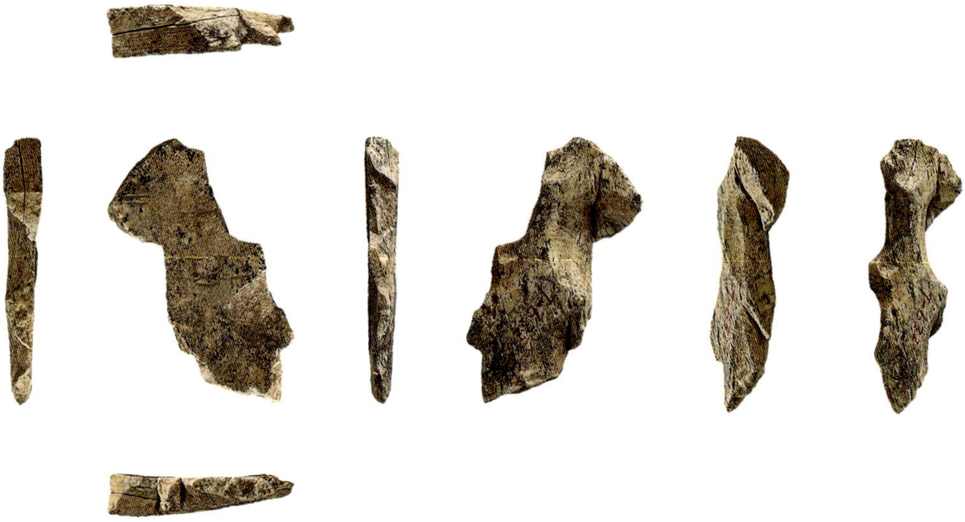

28 正、側　　反　　鑽鑿面

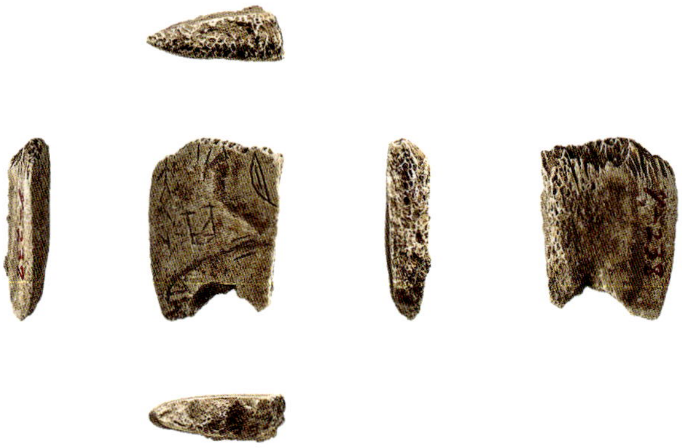

29 正、側　　反

30 正、側

反

鑽鑿面

31 正、側

反

鑽鑿面

32 正、側　　反　　鑽鑿面

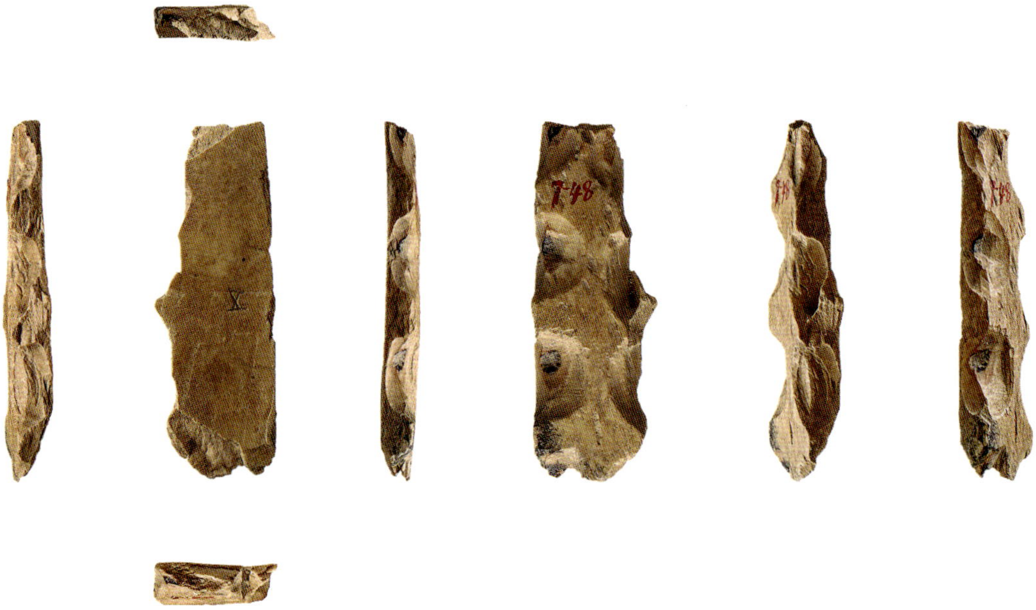

33 正、側　　反　　鑽鑿面

34 正、側

反

鑽鑿面

35 正、側

反

36 正、側

反

鑽鑿面

37 正、側

反

鑽鑿面

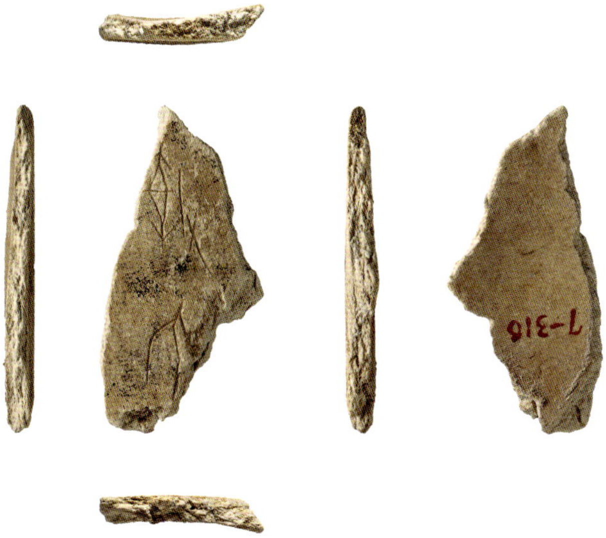

38 正、側　　　　反

39 正、側　　　　反　　　　鑽鑿面

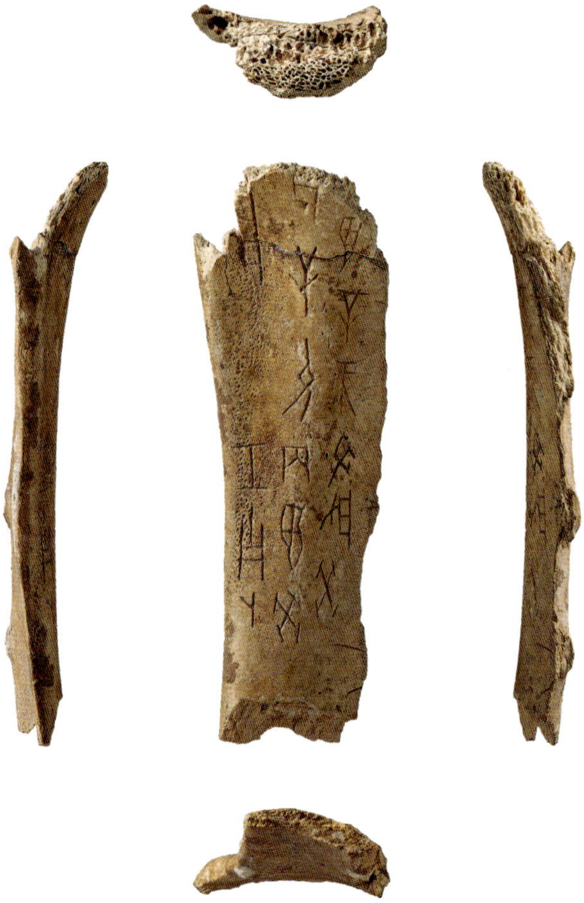

40 正、側

反

鑽鑿面

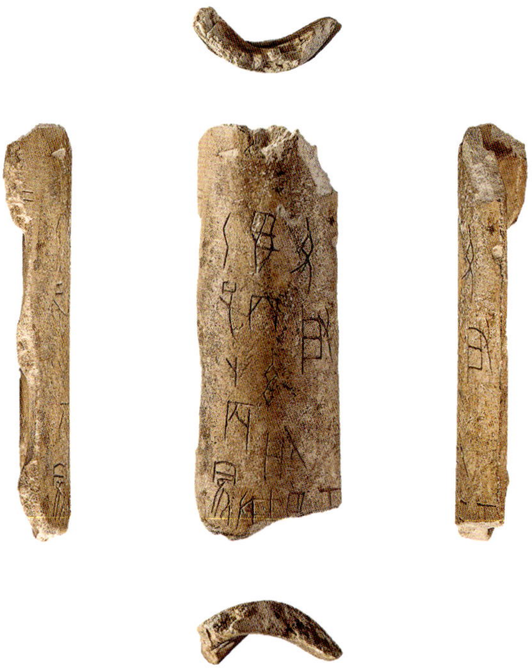

41 正、側

反

鑽鑿面

42 正、側　　反　　鑽鑿面

43 正、側　　反　　鑽鑿面

44 正、側　　反　　鑽鑿面

反

45 正、側

46 正、側

反

鑽鑿面

47 正、側

反

48 正、側

反

49 正、側

反

鑽鑿面

50 正、側

反

鑽鑿面

51 正、側　　反　　鑽鑿面

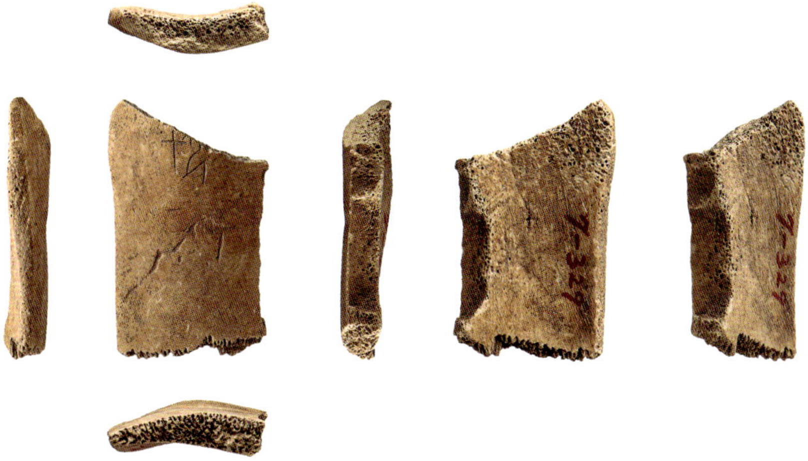

52 正、側　　反　　鑽鑿面

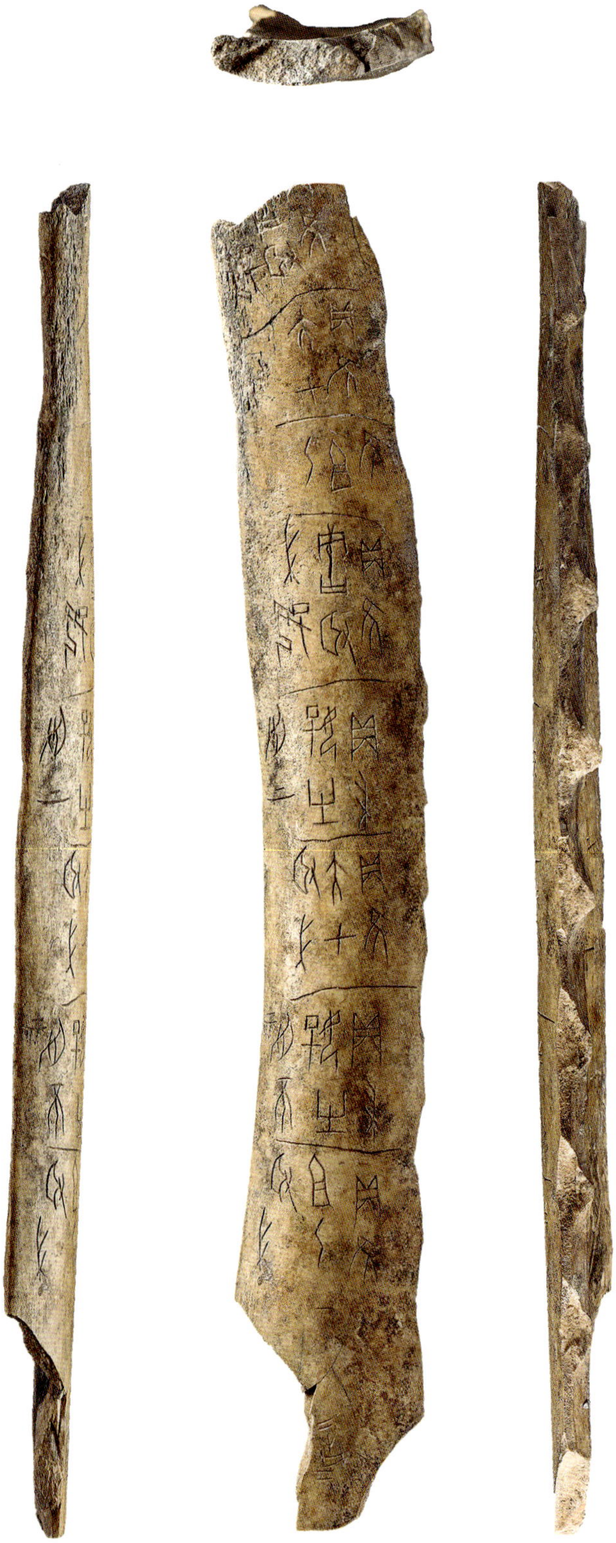

53 正、側

反

鑽鑿面

54 正、側 反

55 正、側 反

56 正、側 反

57 正、側 反 鑽鑿面

58 正、側　　反　　鑽鑿面

59 正、側　　反　　鑽鑿面

60 正、側　　反　　鑽鑿面

61 正、側　　反　　鑽鑿面

62 正、側　　反　　鑽鑿面

63 正、側　　反

64 正、側　　反　　鑽鑿面

65 正、側　　反　　鑽鑿面

66 正、側　　反　　鑽鑿面

67 正、側　　反　　鑽鑿面

68 正、側　　反

69 正、側　　反　　鑽鑿面

70 正、側

反

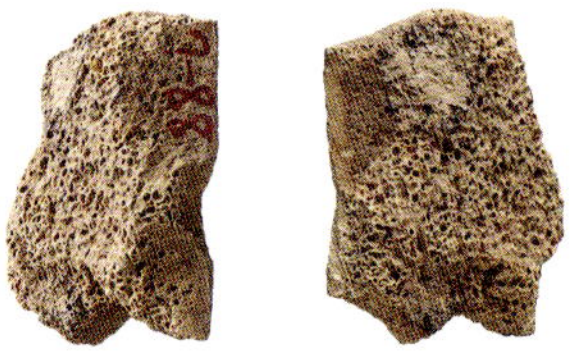

鑽鑿面

71 正、側

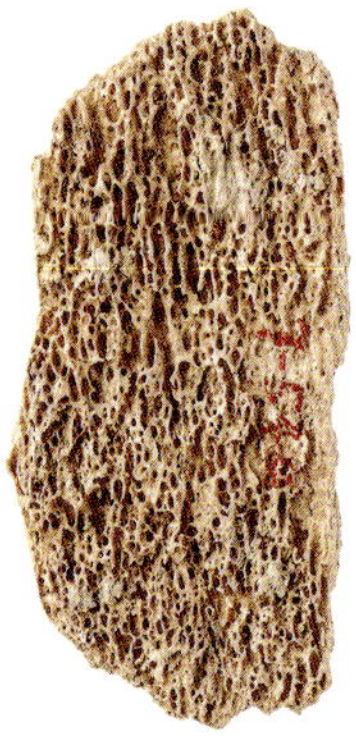

反

72 正、側

反

73 正、側

反

鑽鑿面

74 正、側

反

鑽鑿面

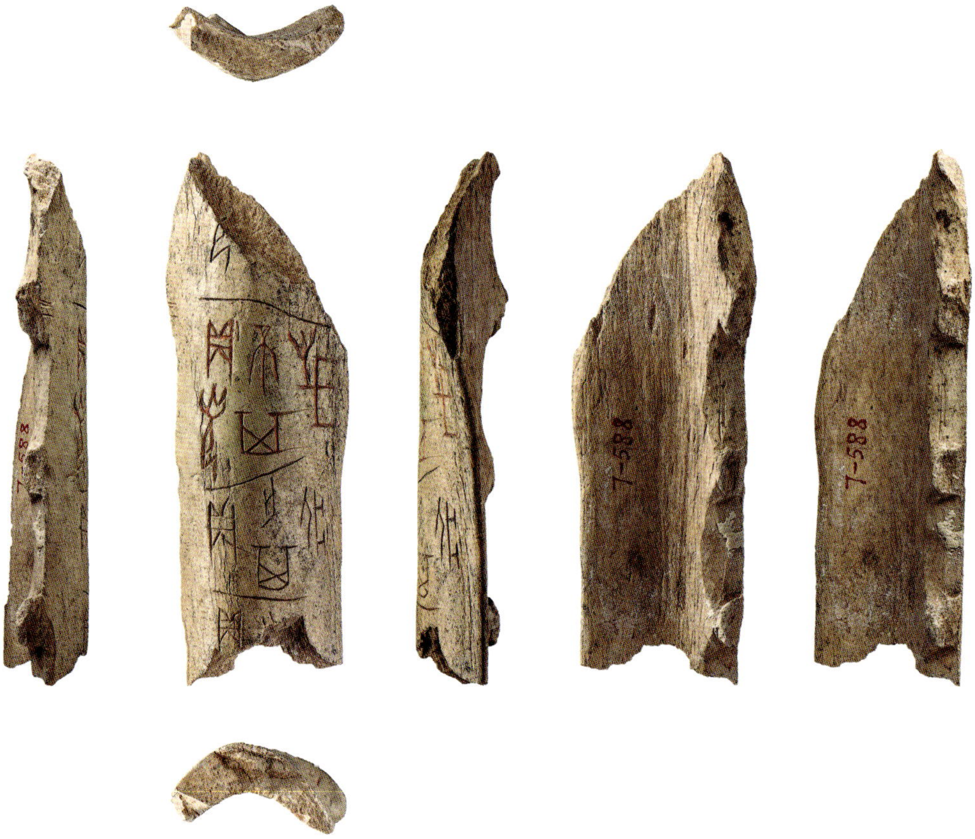

75 正、側　　　　　反　　　　鑽鑿面

76 正、側　　　　反

77 正、側　　反

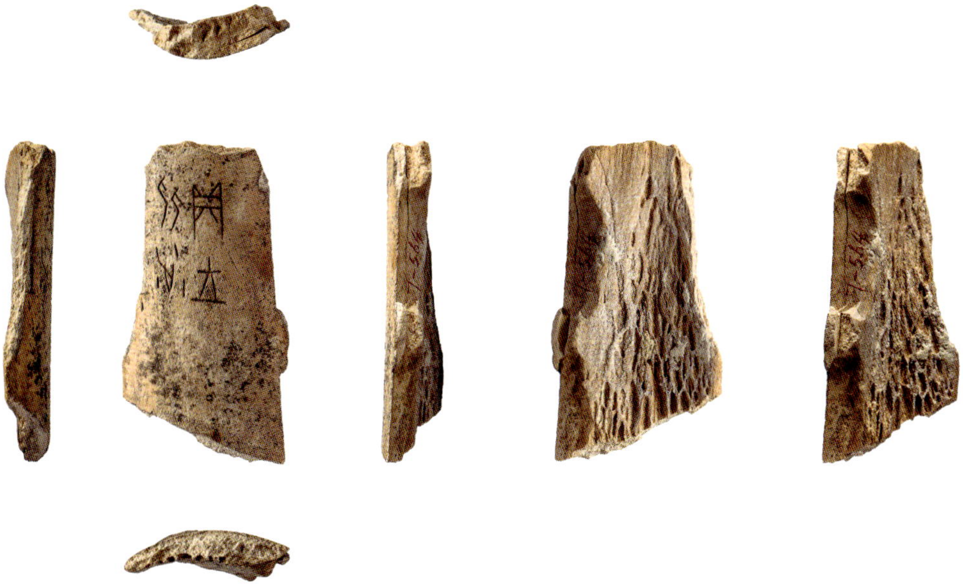

78 正、側　　反　　鑽鑿面

79 正、側　　反　　鑽鑿面

80 正、側　　反

81 正、側　　反　　鑽鑿面

82 正、側　　反

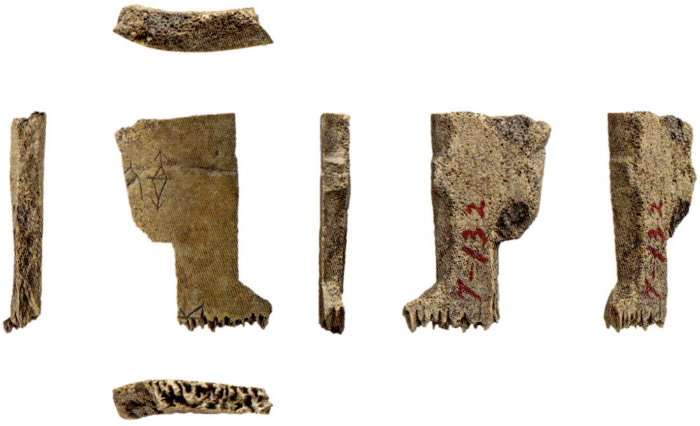

83 正、側　　反　　鑽鑿面

84 正、側

反

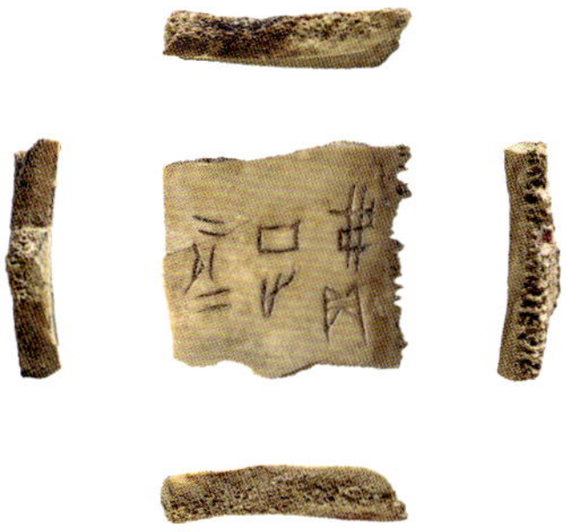

85 正、側

反

鑽鑿面

86 正、側

反

87 正、側　　反　　鑽鑿面

88 正、側　　反　　鑽鑿面

89 正、側

89 反

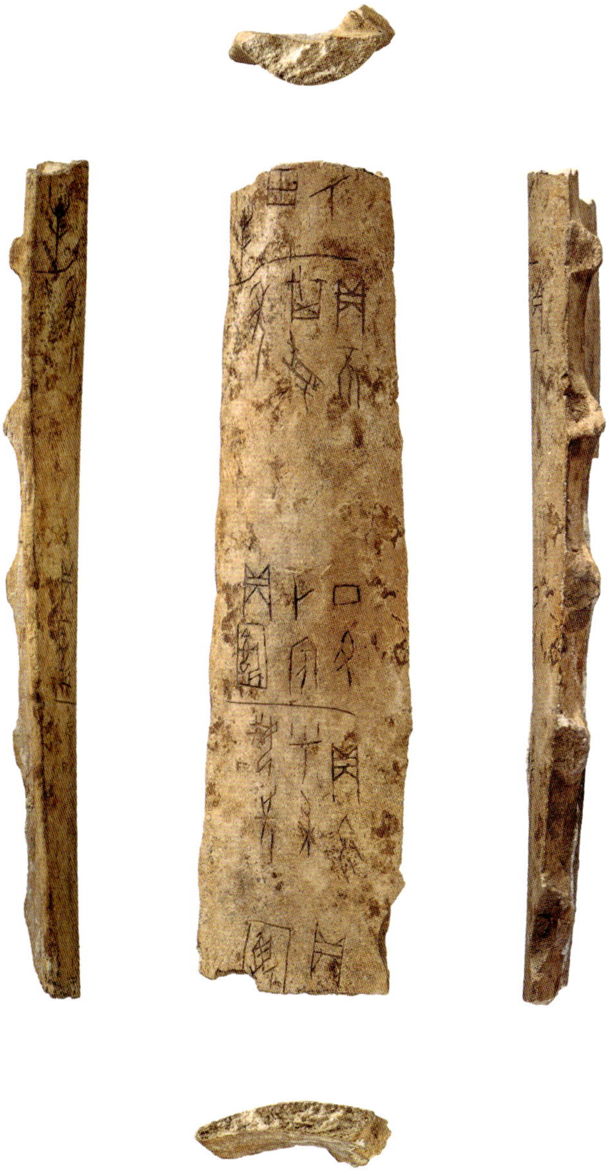

90 正、側

反

鑽鑿面

91 正、側

反

鑽鑿面

92 正、側　反　鑽鑿面

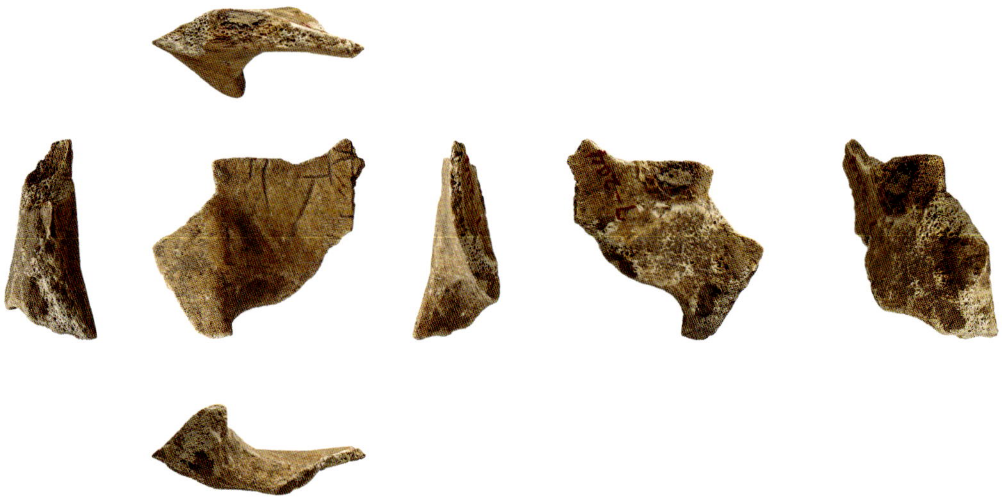

93 正、側　反　鑽鑿面

94 正、側　反　鑽鑿面

95 正、側　　反

96 正、側　　反

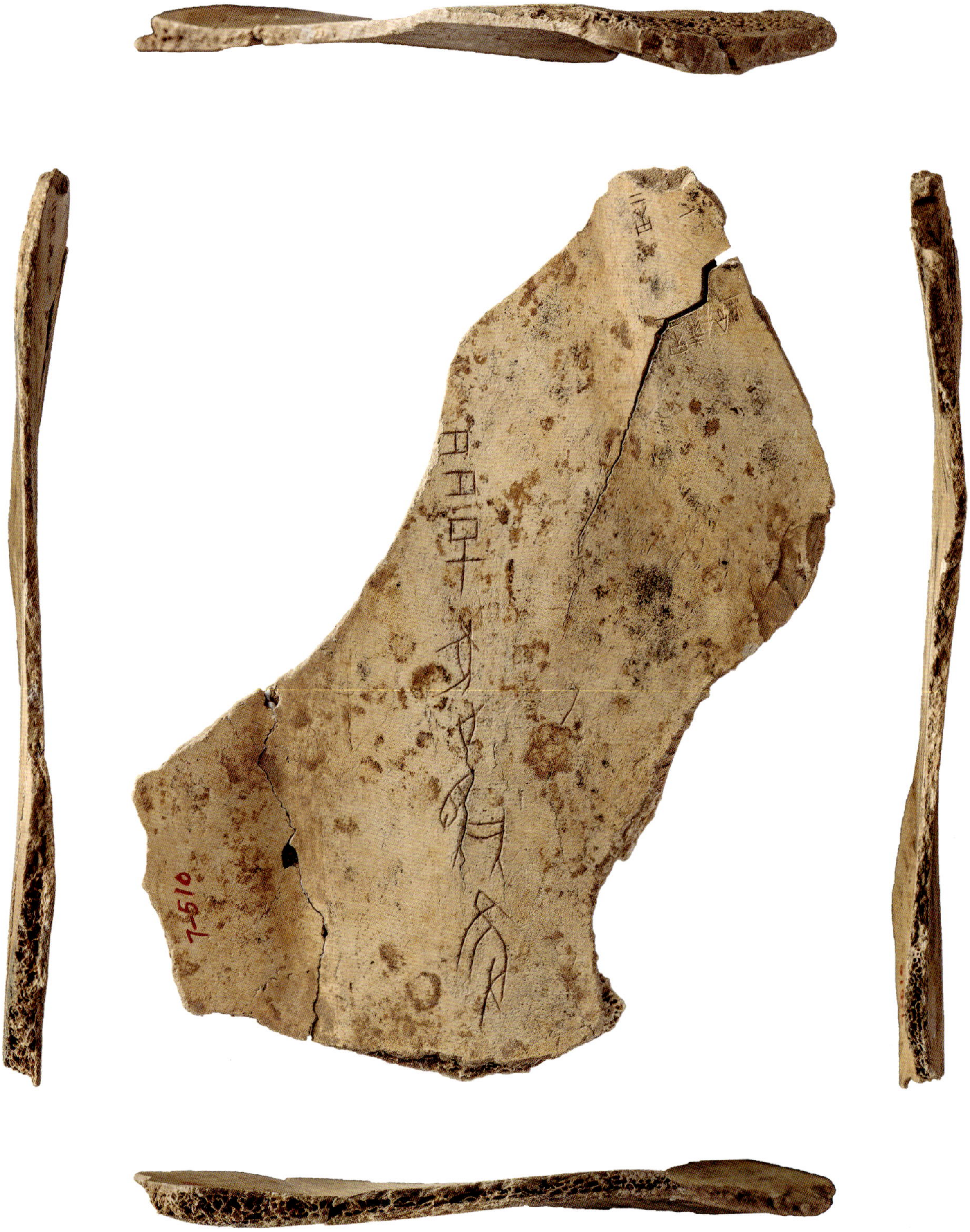

97 正、側

97 反

97 鑽鑿面

98 正、側　　　反

99 正、側　　　反　　　鑽鑿面

100 正、側　　　反　　　鑽鑿面

101 正、側　　　反

鑽鑿面

反

102 正、側

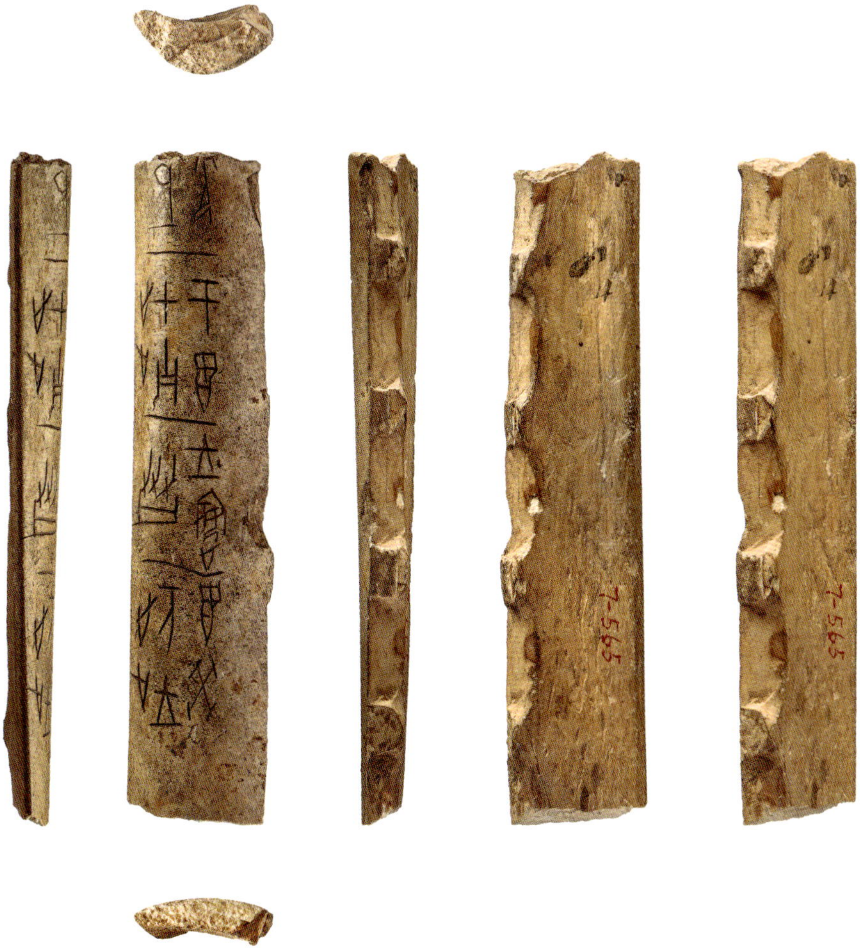

103 正、側　　反　　鑽鑿面

104 正、側　　反　　鑽鑿面

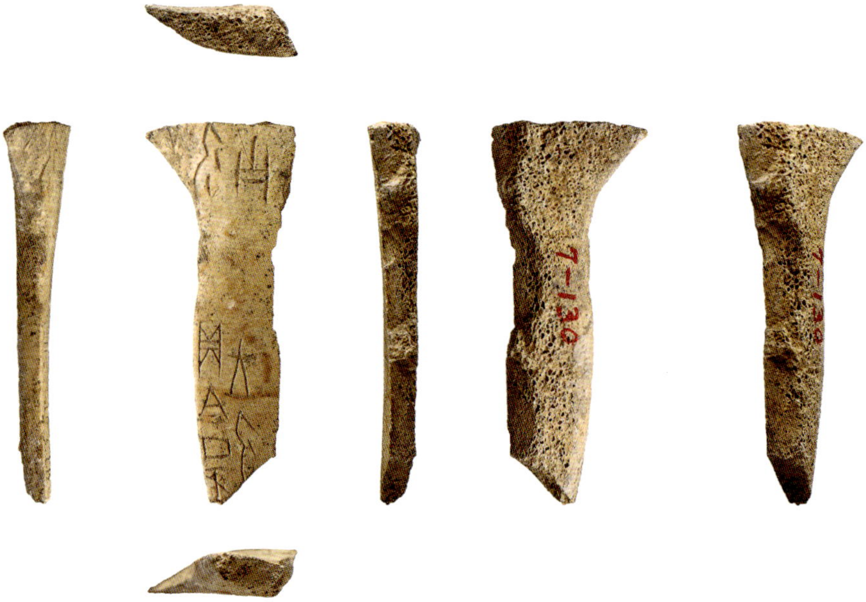

105 正、側　　反　　鑽鑿面

106 正、側　　反　　鑽鑿面

107 正、側　　　　反　　　　鑽鑿面

108 正、側　　　　反

109 正、側　　反　　鑽鑿面

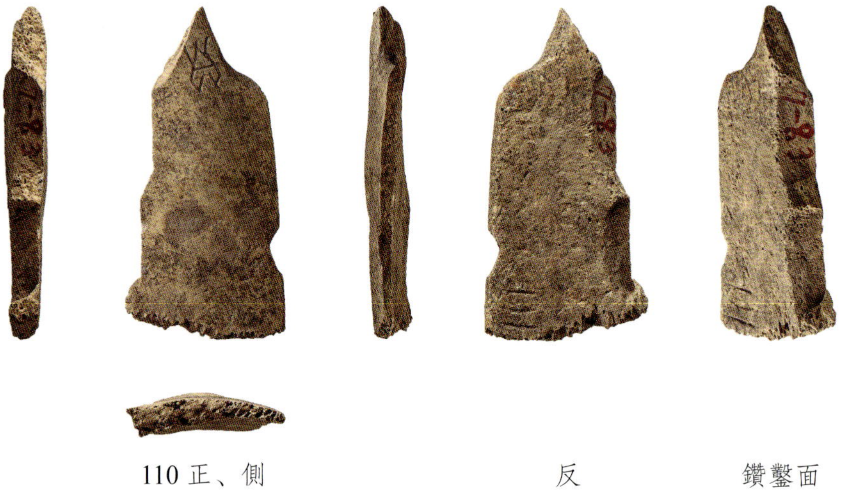

110 正、側　　反　　鑽鑿面

111 正、側　　反

112 正、側　　反

113 正、側　　反　　鑽鑿面

114 正、側　　反　鑽鑿面

115 正、側　　反　　鑽鑿面

116 正、側　　　　反

117 正、側　　　　反　　　　鑽鑿面

118 正、側　　　　反　　　　鑽鑿面

119 正、側　　反　　鑽鑿面

120 正、側　　反

121 正、側　　反

122 正、側　　反

123 正、側　　反　　鑽鑿面

124 正、側　　反　　鑽鑿面

125 正、側　　反　　鑽鑿面

126 正、側　　反

127 正、側　　反　　鑽鑿面

128 正、側

反

鑽鑿面

129 正、側

反

130 正、側

反

鑽鑿面

131 正、側　　　　反

132 正、側　　　　反　　　　鑽鑿面

133 正、側　　　　反　　　　鑽鑿面

134 正、側

反

135 正、側

反

136 正、側

反

鑽鑿面

137 正、側　反　鑽鑿面

138 正、側　反　鑽鑿面

139 正、側　反　鑽鑿面

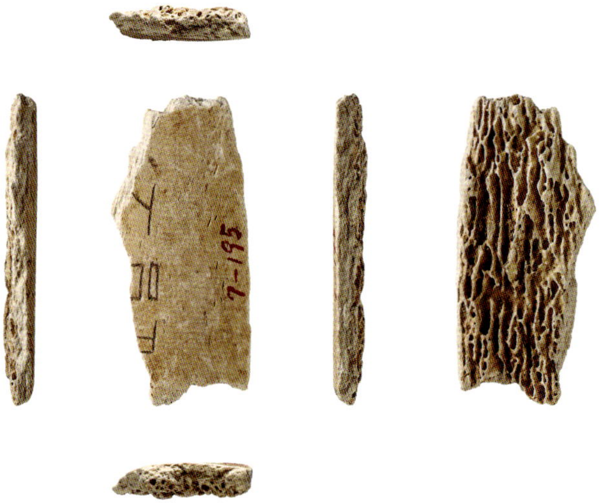

140 正、側　　反

141 正、側　　反　　鑽鑿面

142 正、側　　反　　鑽鑿面

143 正、側　　反　　鑽鑿面

144 正、側　　反　　鑽鑿面

145 正、側　　反

146 正、側　　反　　鑽鑿面

147 正、側　　反　　鑽鑿面

148 正、側　　反　　鑽鑿面

149 正、側　　　反

150 正、側　　　反

151 正、側　　　反　　　鑽鑿面

152 正、側　　　反　　　鑽鑿面

153 正、側　　　　反

154 正、側　　　　反　　　　鑽鑿面

155 正、側　　　　反

156 正、側　　反　　鑽鑿面

157 正、側　　反

158 正、側　　反　　鑽鑿面

159 正、側　　反

160 正、側　　反　　鑽鑿面

161 正、側　　反　　鑽鑿面

162 正、側　　反　　鑽鑿面

163 正、側　　反

164 正、側　　反　　鑽鑿面

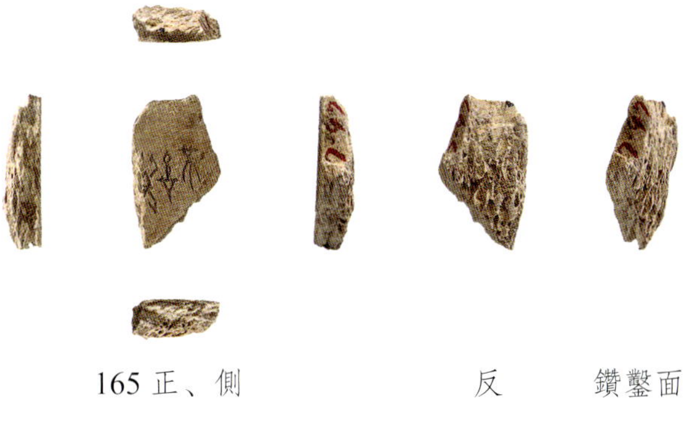

165 正、側　　反　　鑽鑿面

166 正、側　　反　　鑽鑿面

167 正、側　　反　　鑽鑿面

168 正、側　　　反　　　鑽鑿面

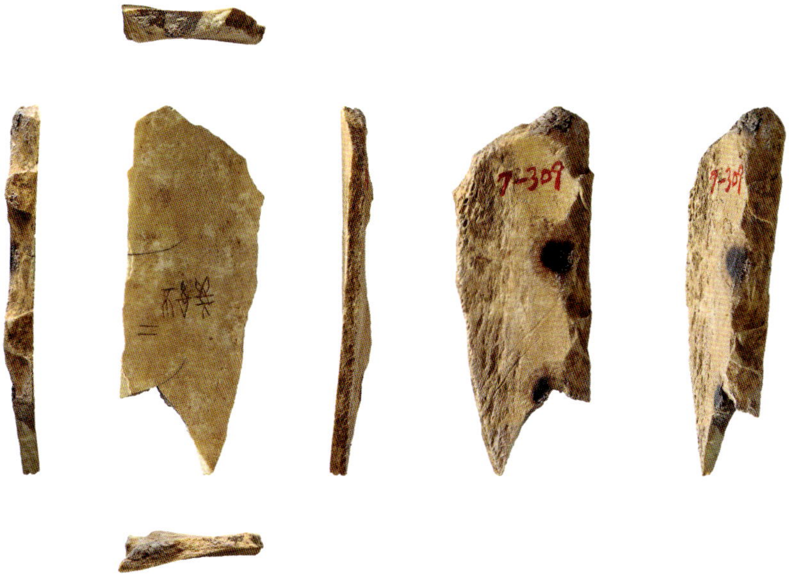

169 正、側　　　反　　　鑽鑿面

170 正、側　　反

171 正、側　　反　　鑽鑿面

172 正、側　　反　　鑽鑿面

173 正、側　　反

174 正、側　　反　　鑽鑿面

175 正、側　　反　　鑽鑿面

176 正、側　　　反　　　鑽鑿面

177 正、側　　　反　　　鑽鑿面

178 正、側　　　反　　　鑽鑿面

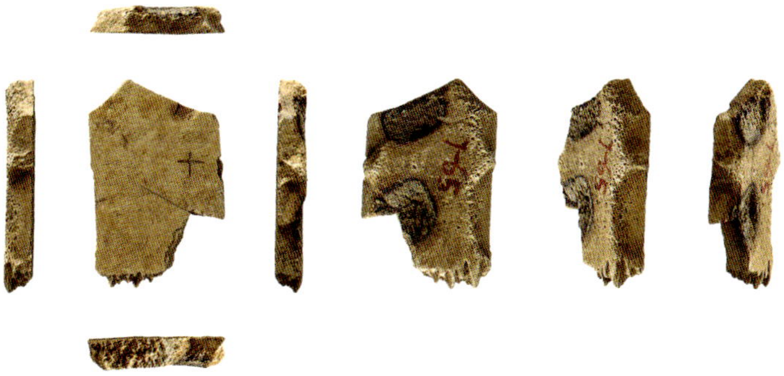

179 正、側　　反　　鑽鑿面

180 正、側　　反　　鑽鑿面

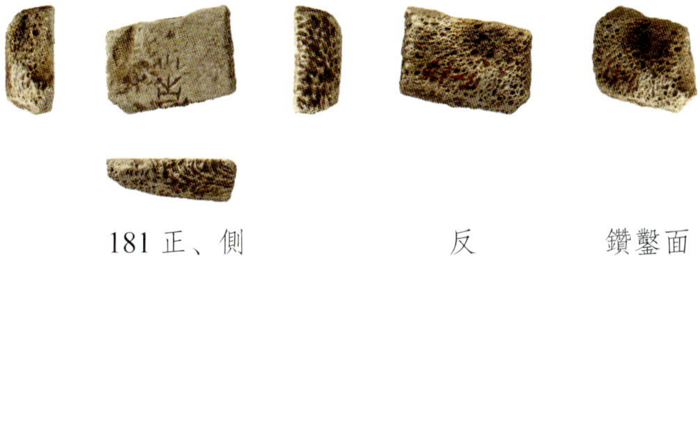

181 正、側　　反　　鑽鑿面

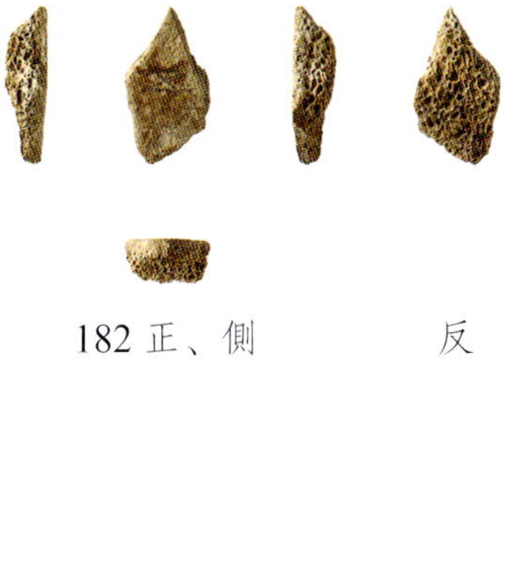

182 正、側　　反

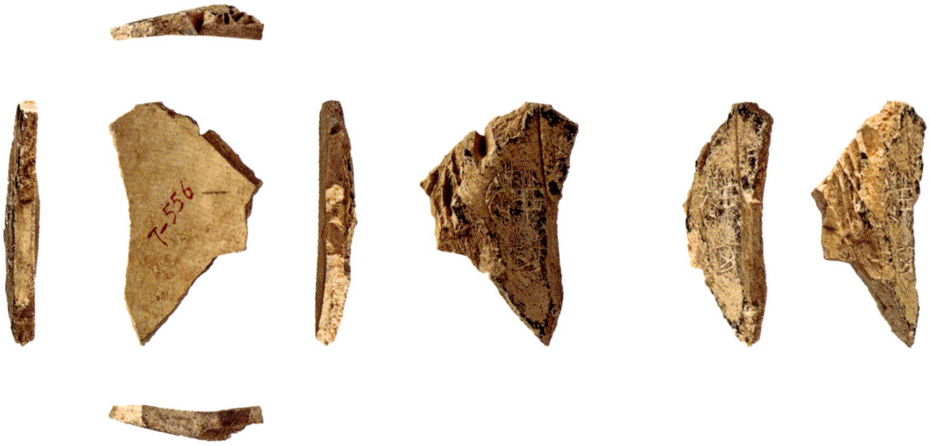

183 正、側　　反　　鑽鑿面

184 正、側　　反

185 正、側　　反　　鑽鑿面

鑽鑿面

反

186 正、側

鑽鑿面

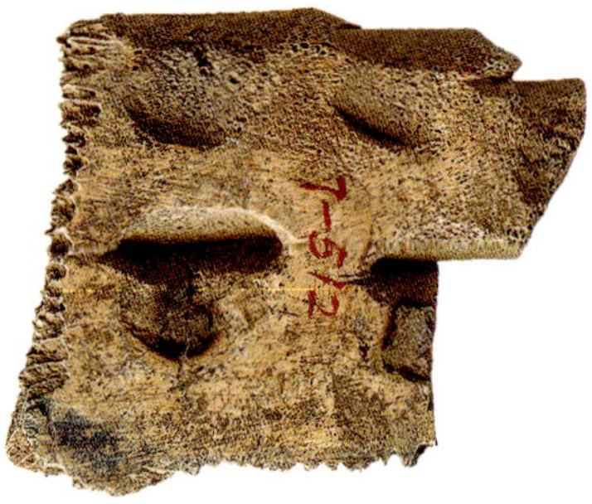

反

187 正、側

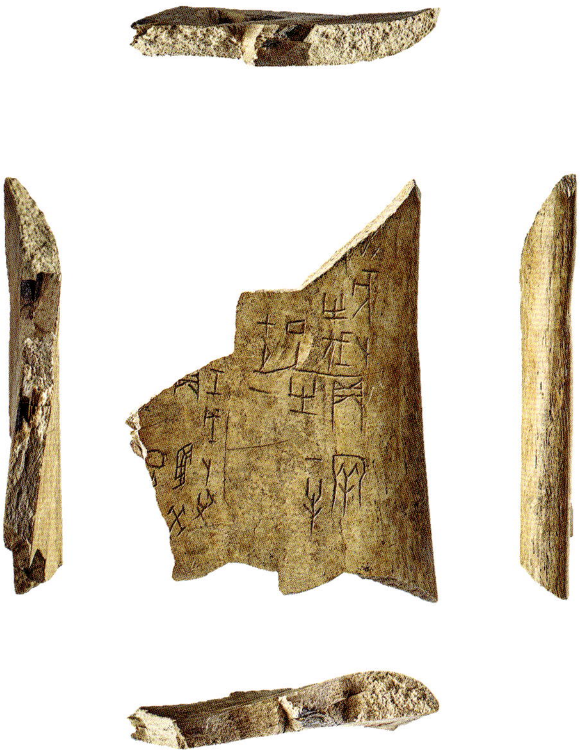

188 正、側

反

鑽鑿面

189 正、側

反

鑽鑿面

190 正、側　反　鑽鑿面

191 正、側　反　鑽鑿面

192 正、側　反　鑽鑿面

193 正、側　　反　　鑽鑿面

194 正、側　　反　　鑽鑿面

195 正、側　　反　　鑽鑿面

196 正、側

反

鑽鑿面

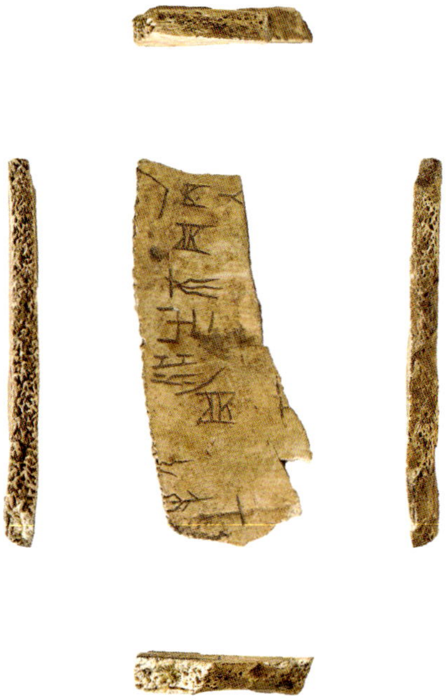

197 正、側

反

鑽鑿面

198 正、側

反

鑽鑿面

199 正、側

反

鑽鑿面

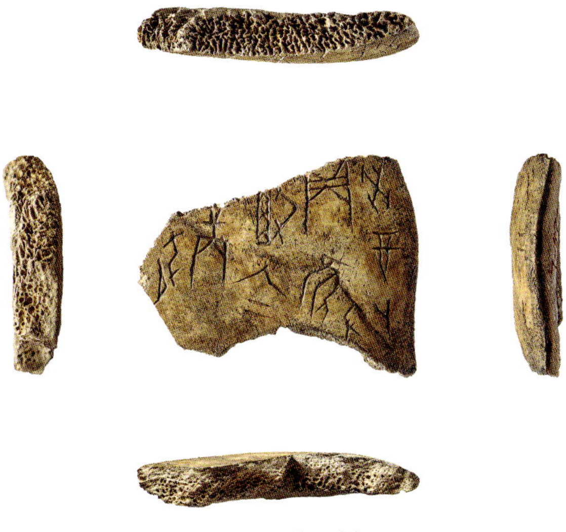

200 正、側

反

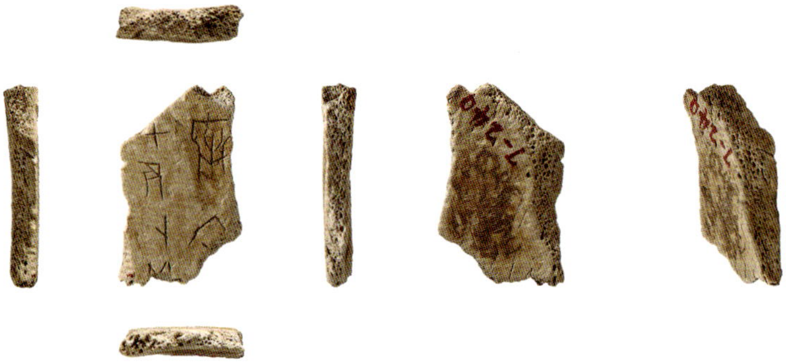

201 正、側　　反　　鑽鑿面

202 正、側　　反　　鑽鑿面

203 正、側　　反　　鑽鑿面

204 正、側　　　　反

205 正、側　　　　反　　　　鑽鑿面

206 正、側　　　　反　　　　鑽鑿面

207 正、側　　反　　鑽鑿面

208 正、側　　反　　鑽鑿面

209 正、側　　反　　鑽鑿面

210 正、側　　反　　鑽鑿面

211 正、側　　反　　鑽鑿面

212 正、側　　反　　鑽鑿面

213 正、側　　反

214 正、側　　反　　鑽鑿面

215 正、側　　反　　鑽鑿面

216 正、側　　反

217 正、側　　反　　鑽鑿面

218 正、側　　反　　鑽鑿面

鑽鑿面

反

219 正、側

鑽鑿面

反

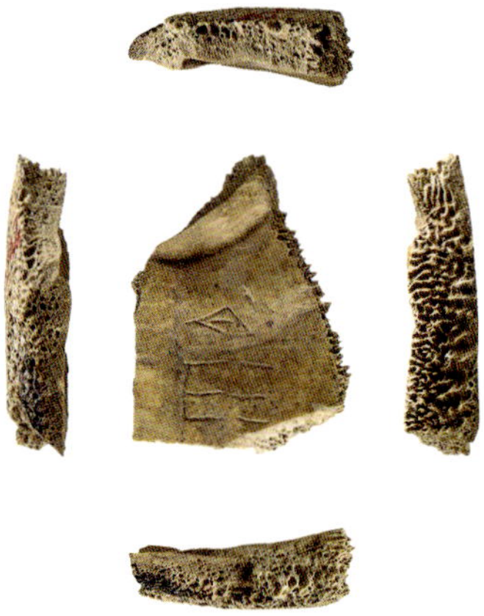

220 正、側

221 正、側

反

鑽鑿面

222 正、側　　反

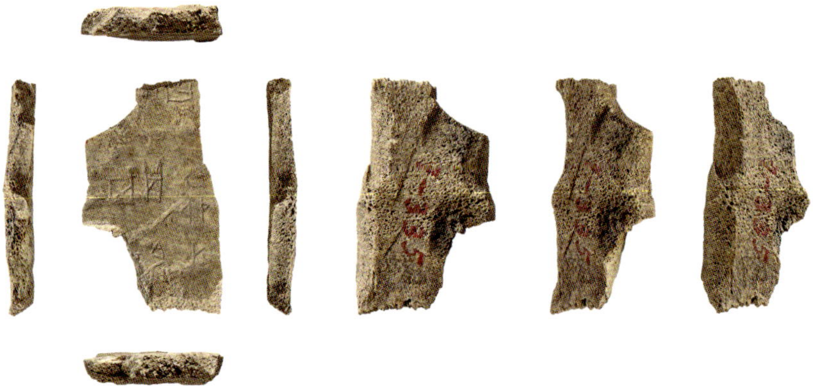

223 正、側　　反　　鑽鑿面

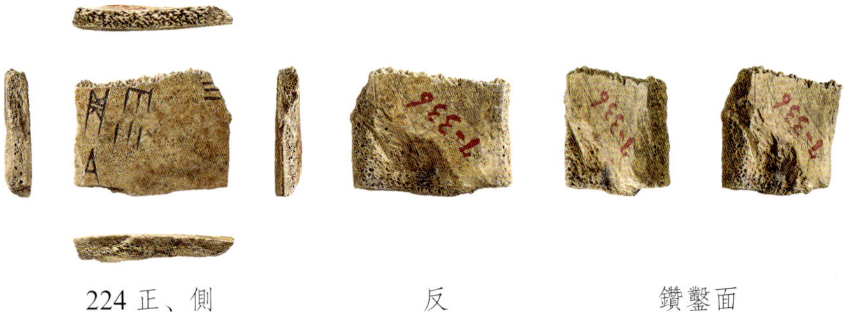

224 正、側　　反　　鑽鑿面

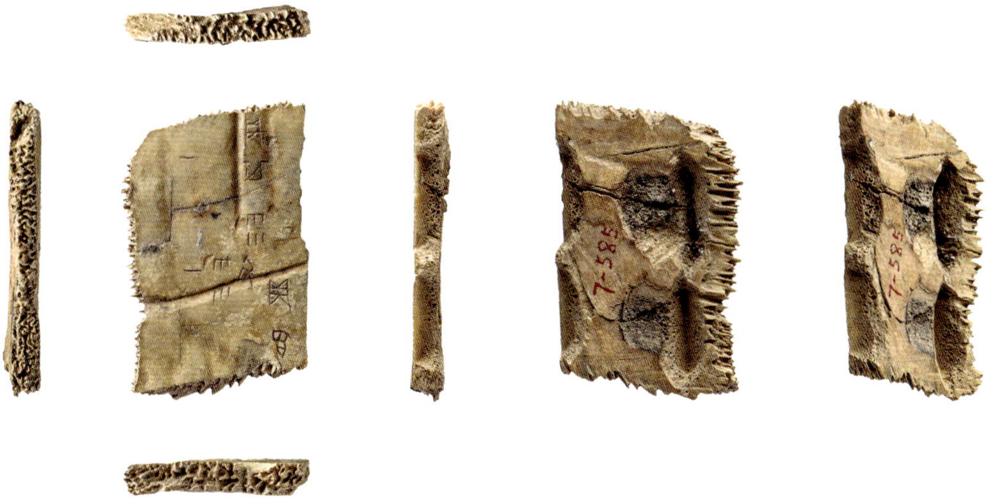

225 正、側　　　　反　　　　鑽鑿面

226 正、側　　　　反　　　　鑽鑿面

227 正、側　　　　反　　　　鑽鑿面

228 正、側　　反　　鑽鑿面

229 正、側　　反　　鑽鑿面

230 正、側　　反　　鑽鑿面

231 正、側　　反　　鑽鑿面

232 正、側　　反　　鑽鑿面

233 正、側　　反　　鑽鑿面

234 正、側

反

鑽鑿面

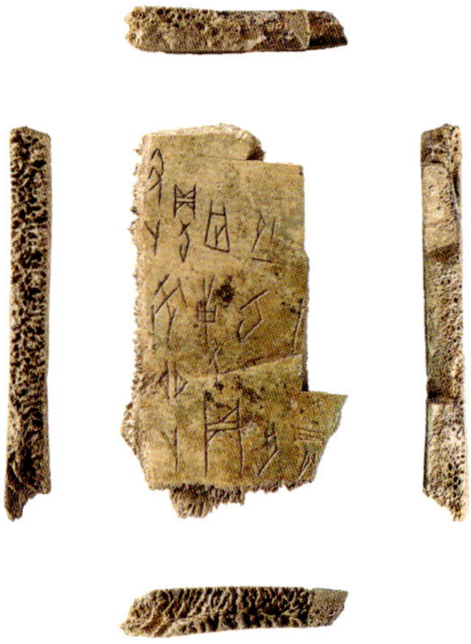

235 正、側

反

鑽鑿面

236 正、側

反

鑽鑿面

237 正、側　反　鑽鑿面

238 正、側　反　鑽鑿面

239 正、側　反　鑽鑿面

240 正、側　　反　　鑽鑿面

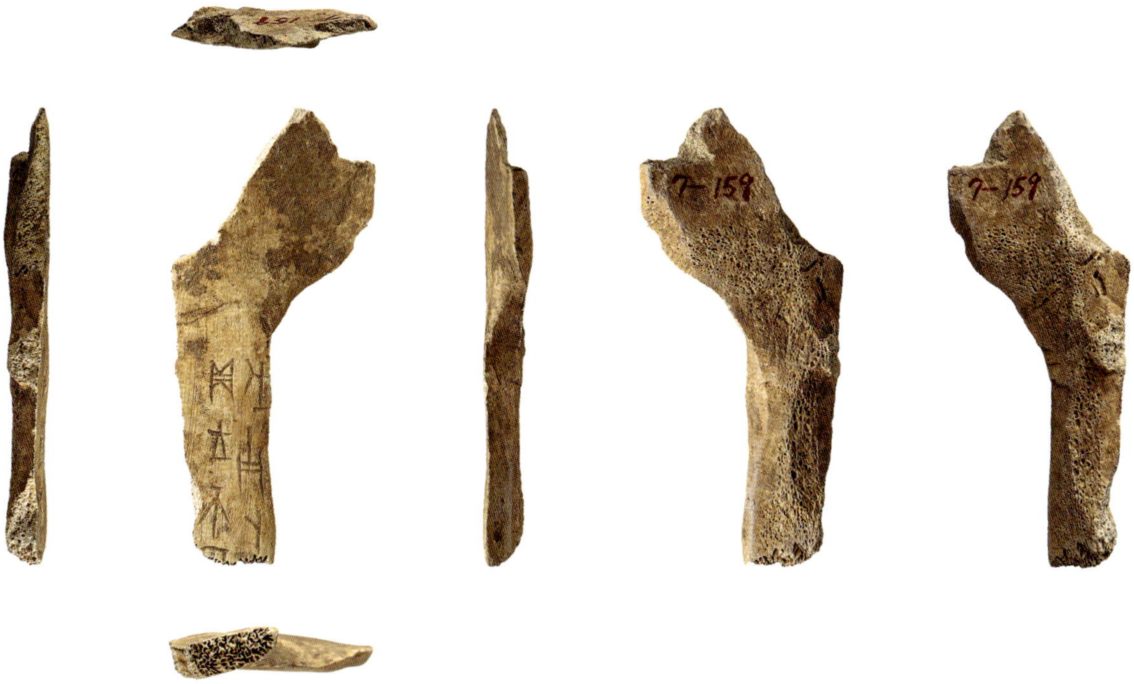

241 正、側　　反　　鑽鑿面

242 正、側　　反　　鑽鑿面

243 正、側　　反　　鑽鑿面

244 正、側　　反

245 正、側　　反　　鑽鑿面

246 正、側　　反　　鑽鑿面

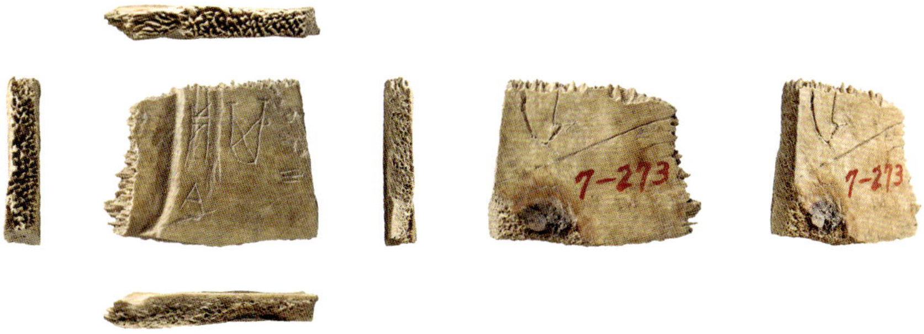

247 正、側　　反　　鑽鑿面

248 正、側　　　　　反　　　　　鑽鑿面

249 正、側　　　　　反　　　　　鑽鑿面

250 正、側　　　　　反

251 正、側

反

鑽鑿面

鑽鑿面

反

252 正、側

鑽鑿面

反

253 正、側

254 正、側　反　鑽鑿面

255 正、側

255 反

255 鑽鑿面

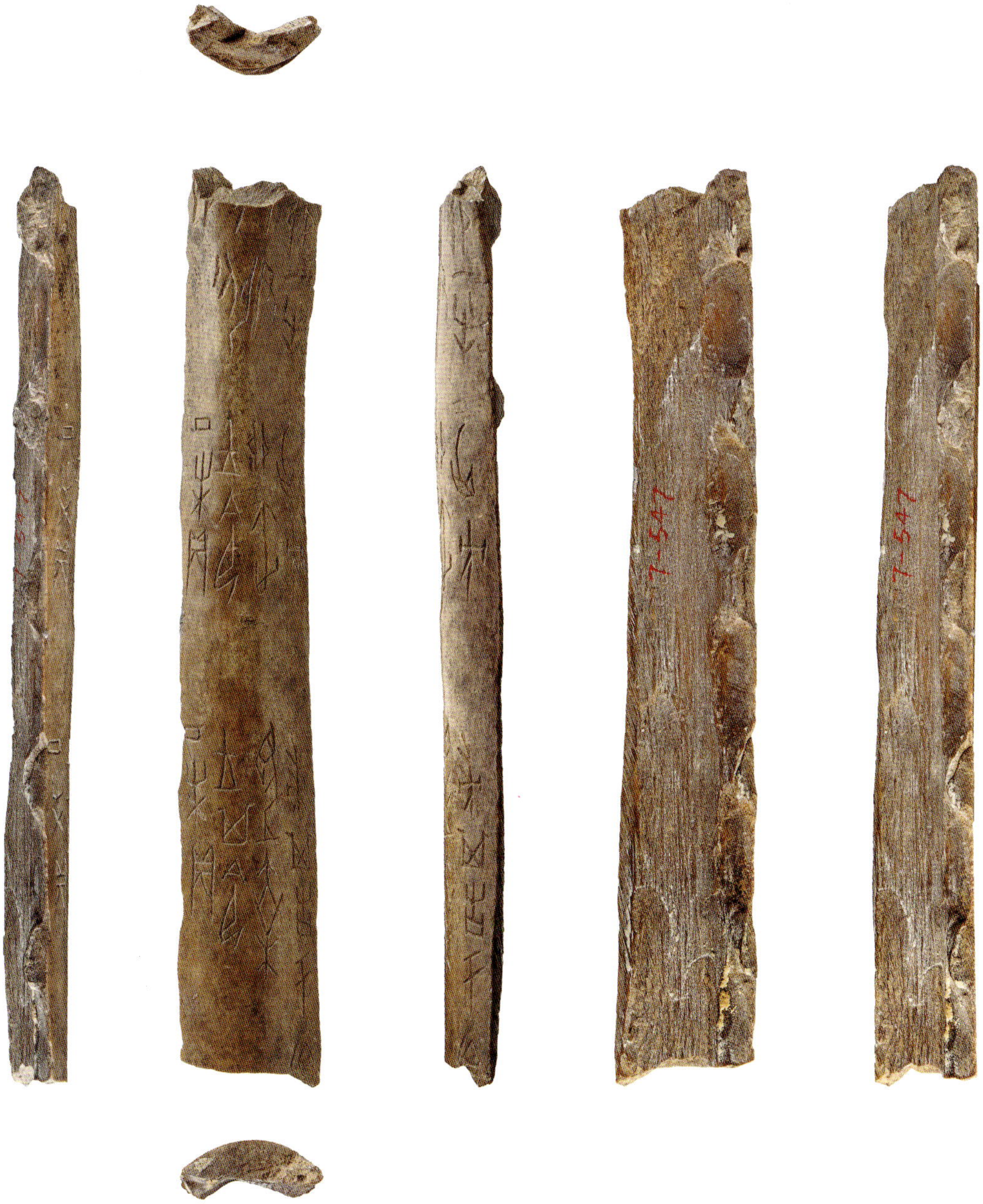

256 正、側　　反　　鑽鑿面

257 正、側　　反　　鑽鑿面

258 正、側　　反　　鑽鑿面

259 正、側　　反　　鑽鑿面

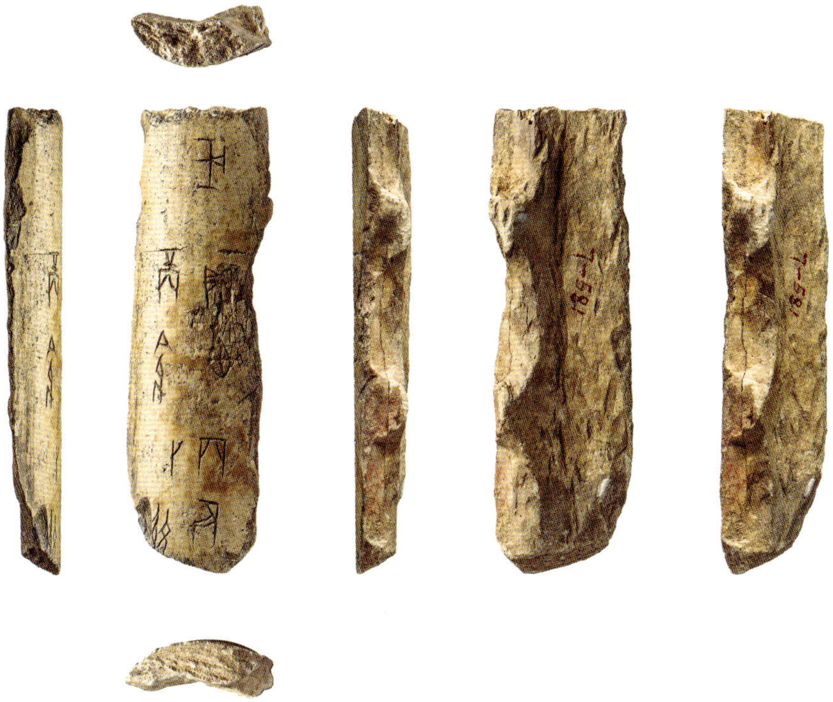

260 正、側　　　　反　　　　鑽鑿面

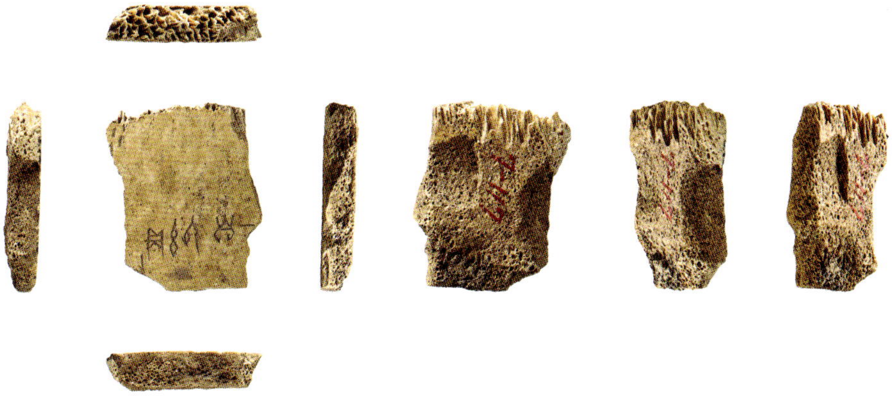

261 正、側　　　　反　　　　鑽鑿面

262 正、側　　　　反

263 正、側　　　　反　　　　鑽鑿面

264 正、側　　　　反　　　　鑽鑿面

265 正、側　　反　　鑽鑿面

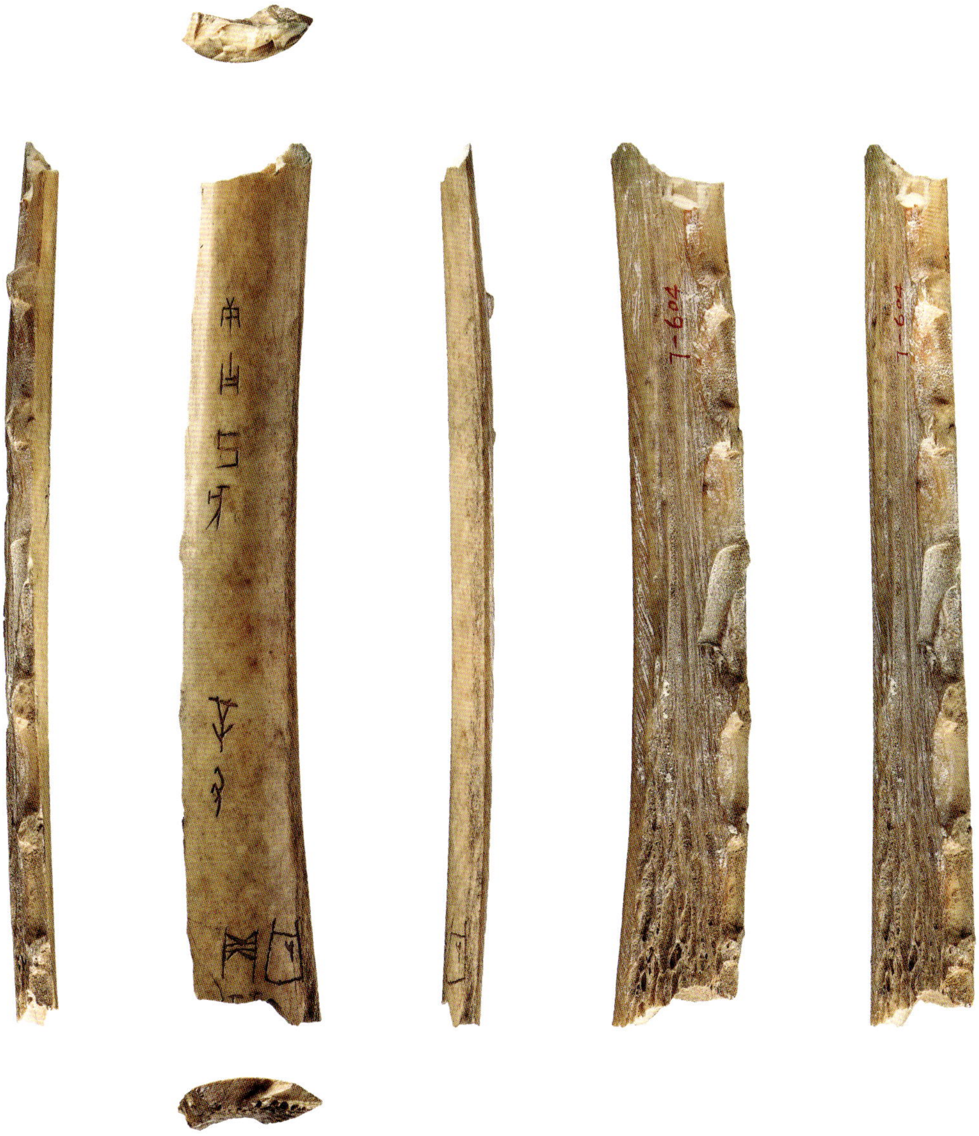

266 正、側　　反　　鑽鑿面

267 正、側　　反　　鑽鑿面

268 正、側　　反　　鑽鑿面

269 正、側

反

鑽鑿面

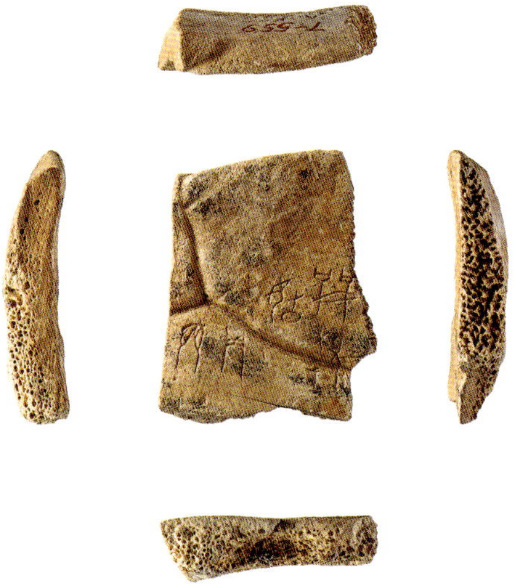

270 正、側

反

鑽鑿面

271 正、側

反

鑽鑿面

272 正、側　　反　　鑽鑿面

273 正、側　　反　　鑽鑿面

274 正、側　　反

275 正、側

反

鑽鑿面

276 正、側

反

277 正、側

反

鑽鑿面

278 正、側　　反　　鑽鑿面

279 正、側　　反　　鑽鑿面

280 正、側　　反　　鑽鑿面

281 正、側

反

鑽鑿面

282 正、側

反

283 正、側

反

鑽鑿面

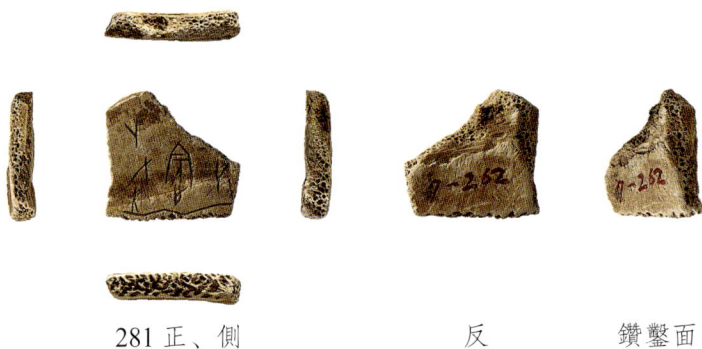

284 正、側

反

鑽鑿面

285 正、側

反

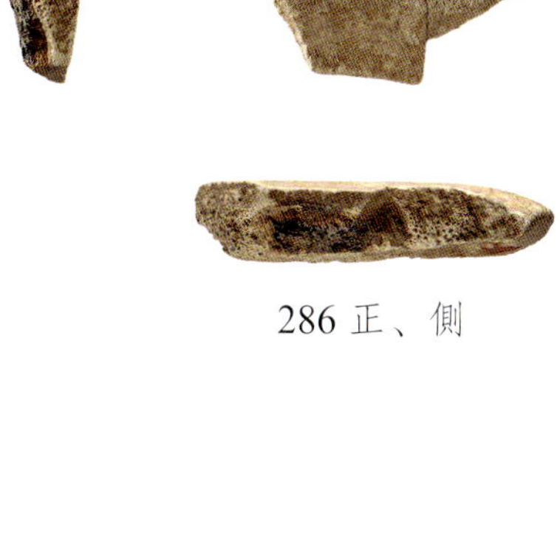

286 正、側

反

鑽鑿面

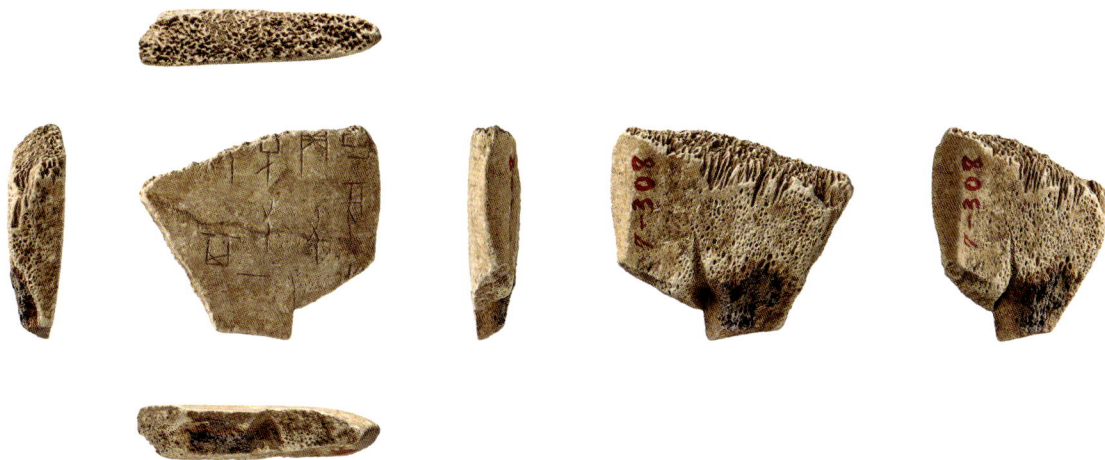

287 正、側　反　鑽鑿面

288 正、側　反

289 正、側　反　鑽鑿面

290 正、側　　反　　鑽鑿面

291 正、側　　反　　鑽鑿面

292 正、側　　反

293 正、側　　反

294 正、側

反

鑽鑿面

295 正、側

反

296 正、側　　反　　鑽鑿面

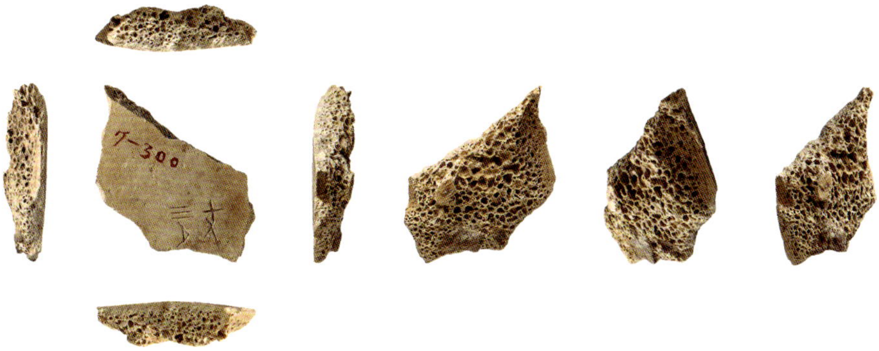

297 正、側　　反　　鑽鑿面

298 正、側　　反　　鑽鑿面

299 正、側　反　鑽鑿面

300 正、側　反　鑽鑿面

301 正、側　反　鑽鑿面

302 正、側

反

鑽鑿面

303 正、側

反

鑽鑿面

304 正、側　　反　　鑽鑿面

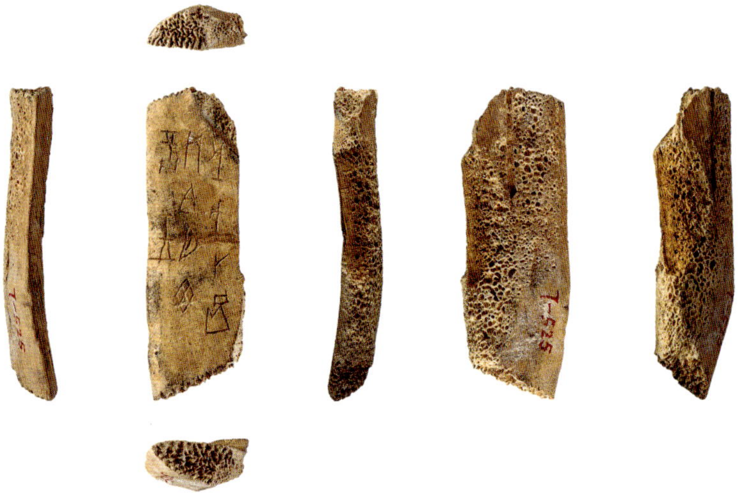

305 正、側　　反　　鑽鑿面

306 正、側　　反　　鑽鑿面

307 正、側　　反　　鑽鑿面

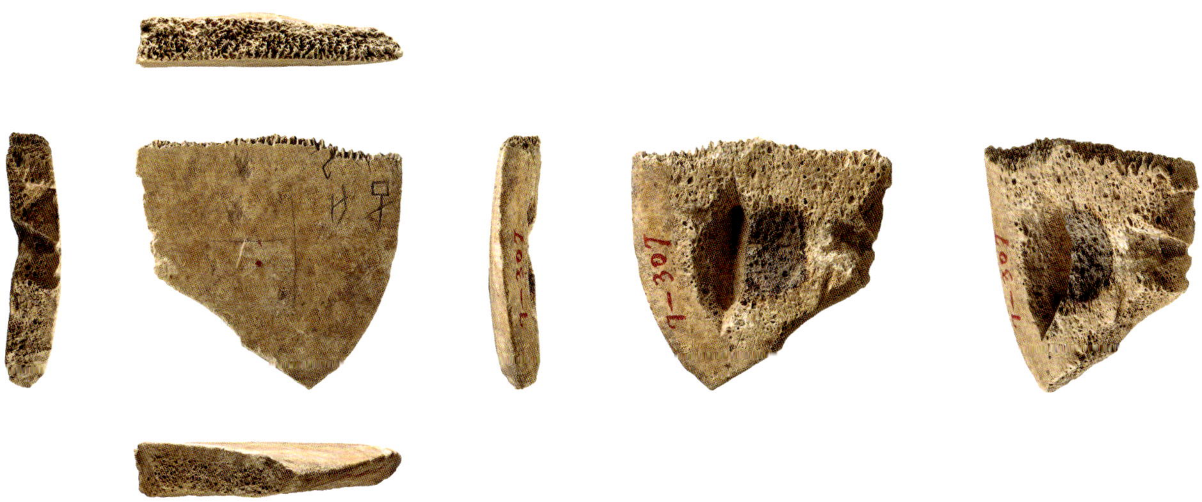

308 正、側　　反　　鑽鑿面

309 正、側　　反　　鑽鑿面

310 正、側　　反　　鑽鑿面

311 正、側　　反　　鑽鑿面

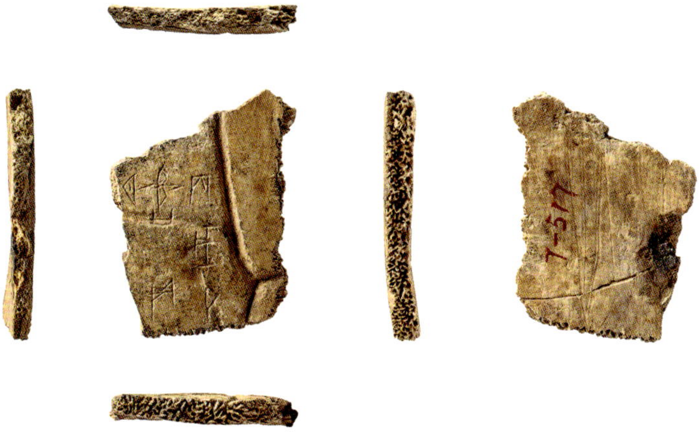

312 正、側　　　　反

313 正、側　　　　反

314 正、側　　　　反　　　　鑽鑿面

315 正、側　反　鑽鑿面

316 正、側　反　鑽鑿面

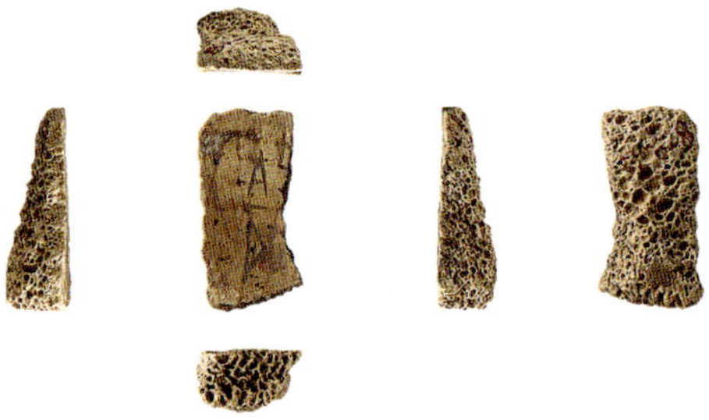

317 正、側　反

318 正、側　反　鑽鑿面

319 正、側

反

鑽鑿面

320 正、側

反

321 正、側

反

鑽鑿面

322 正、側　　反

323 正、側　　反　　鑽鑿面

324 正、側　　反　　鑽鑿面

325 正、側　　反　　鑽鑿面

326 正、側　　反　　鑽鑿面

327 正、側　　反　　鑽鑿面

328 正、側

反

鑽鑿面

329 正、側

反

鑽鑿面

330 正、側

反

331 正、側　　反　　鑽鑿面

332 正、側　　反　　鑽鑿面

333 正、側　　反

334 正、側　　反　　鑽鑿面

335 正、側　　反　　鑽鑿面

336 正、側　　反　　鑽鑿面

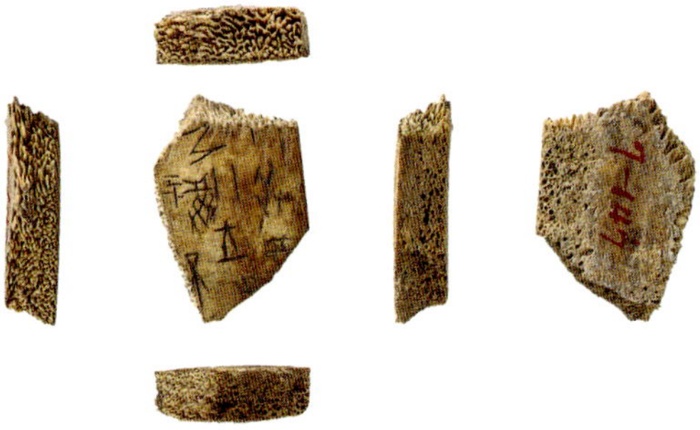

337 正、側　　反

338 正、側　　反　　鑽鑿面

339 正、側　　反　　鑽鑿面

340 正、側　　反

341 正、側　　反　　鑽鑿面

342 正、側　　反　　鑽鑿面

343 正、側　　反　　鑽鑿面

344 正、側　　反　　鑽鑿面

345 正、側　　反　　鑽鑿面

346 正、側　　反　　鑽鑿面

347 正、側　　反　　鑽鑿面

348 正、側　　反　　鑽鑿面

349 正、側　　反　　鑽鑿面

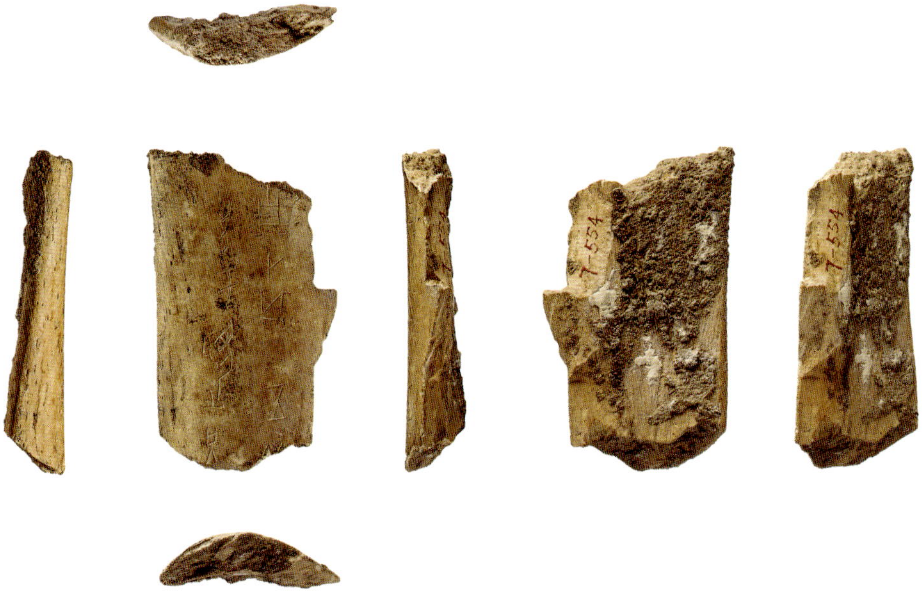

350 正、側　　反　　鑽鑿面

351 正、側　　反　　鑽鑿面

352 正、側　　反　　鑽鑿面

鑽鑿面

反

353 正、側

354 正、側　　反　　鑽鑿面

355 正、側　　反　　鑽鑿面

356 正、側　　反　　鑽鑿面

357 正、側

反

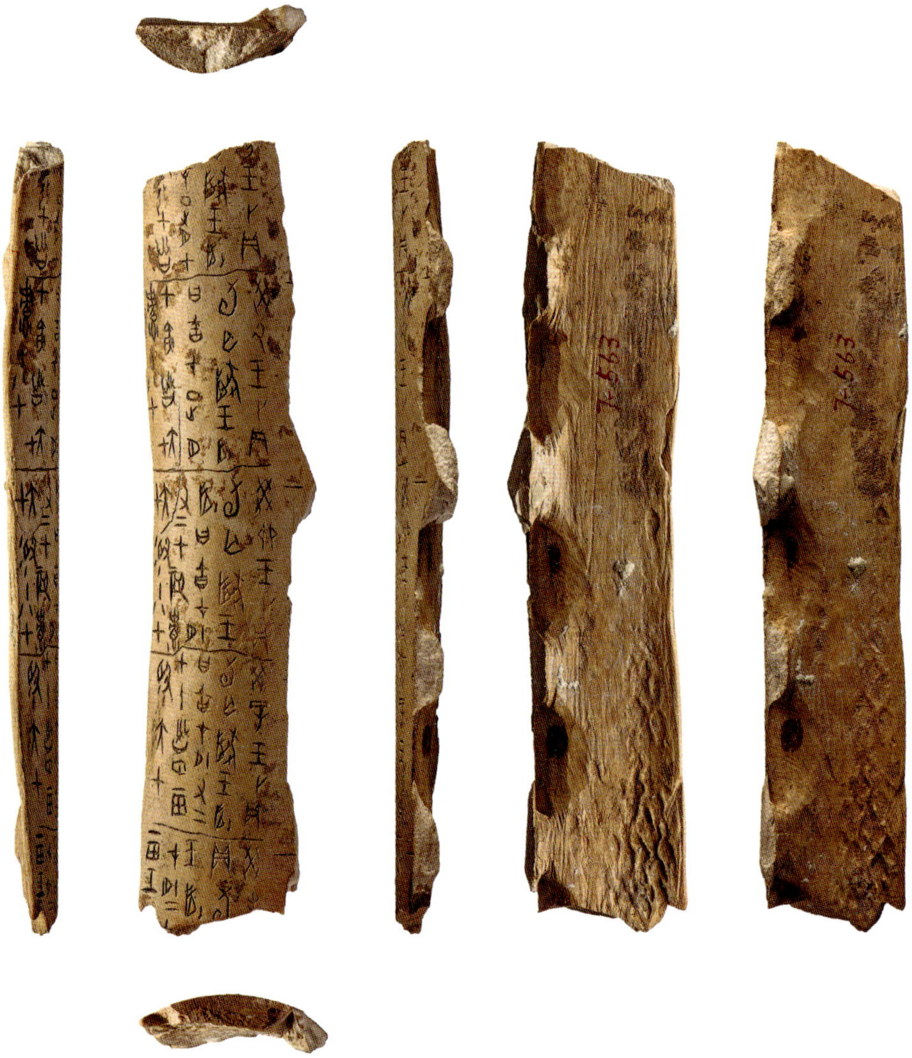

358 正、側　　反　　鑽鑿面

359 正、側　　反　　鑽鑿面

360 正、側

反

鑽鑿面

361 正、側

反

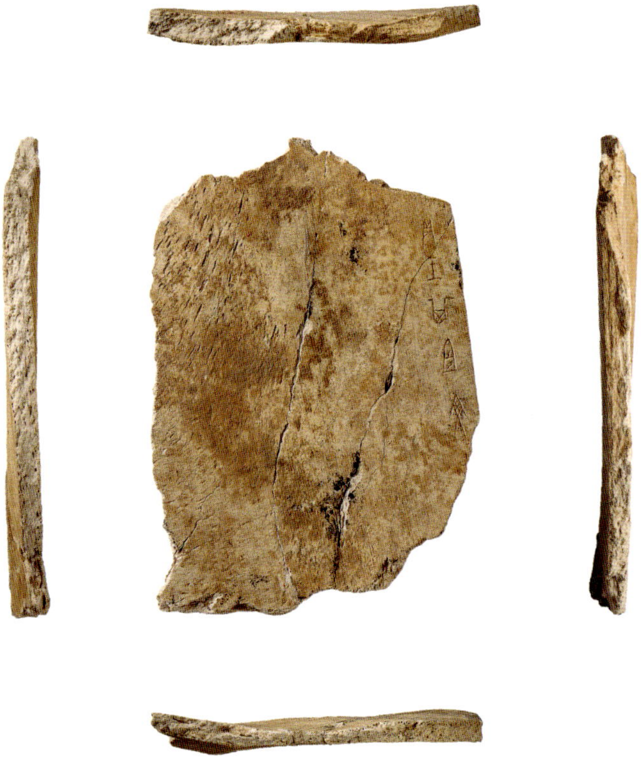

362 正、側　　反

363 正、側　　反　　鑽鑿面

364 正、側　　反　　鑽鑿面

365 正、側　　反　　鑽鑿面

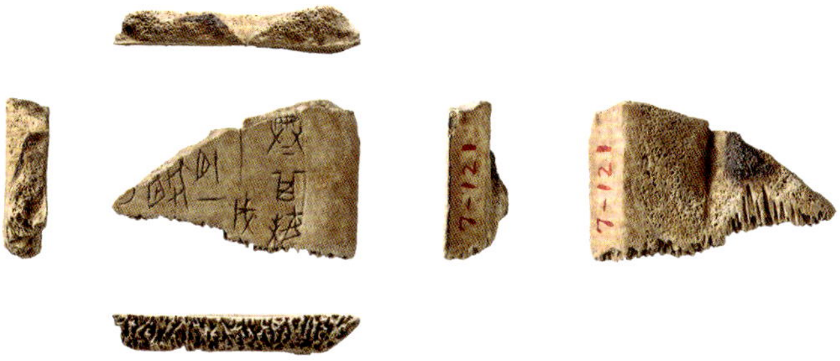

366 正、側　　反

367 正、側　　反

368 正、側　　反　　鑽鑿面

369 正、側　　反　　鑽鑿面

370 正、側　　反　　鑽鑿面

371 正、側　　反　　鑽鑿面

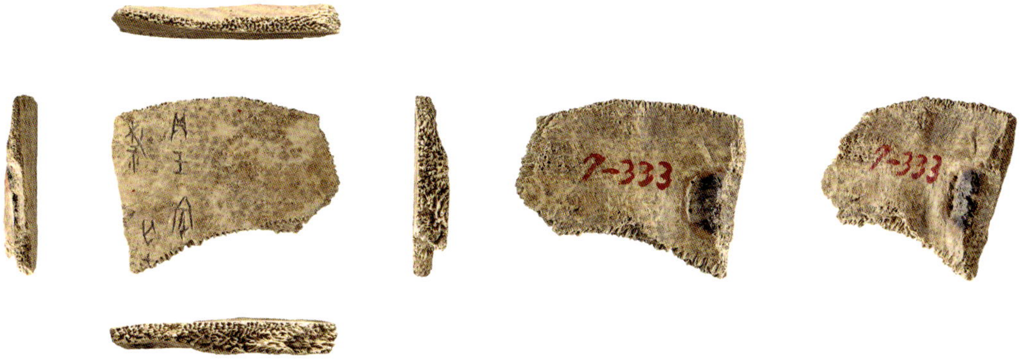

372 正、側　　反　　鑽鑿面

373 正、側　　反　　鑽鑿面

374 正、側　　反

375 正、側　　反　　鑽鑿面

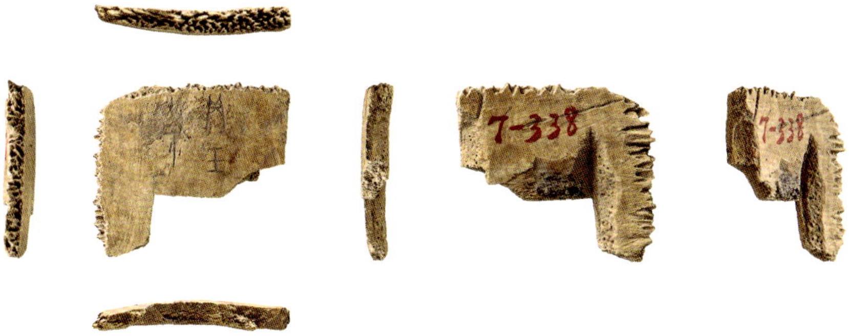

376 正、側　　反　　鑽鑿面

377 正、側　　反　　鑽鑿面

378 正、側　　反　　鑽鑿面

379 正、側　　反　　鑽鑿面

380 正、側　　反　　鑽鑿面

381 正、側　　反　　鑽鑿面

382 正、側　　反　　鑽鑿面

383 正、側　　反　　鑽鑿面

384 正、側　　反　　鑽鑿面

385 正、側　　反　　鑽鑿面

386 正、側　　反　　鑽鑿面

387 正、側　　反　　鑽鑿面

388 正、側　　　　　　反

389 正、側　　　反　　　鑽鑿面

390 正、側　　　反　　　鑽鑿面

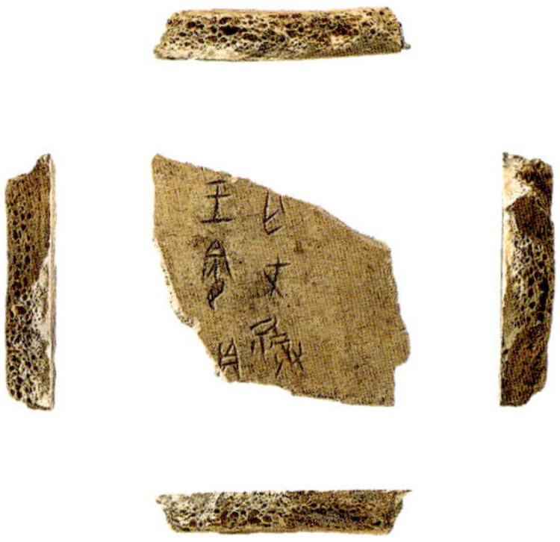

391 正、側

反

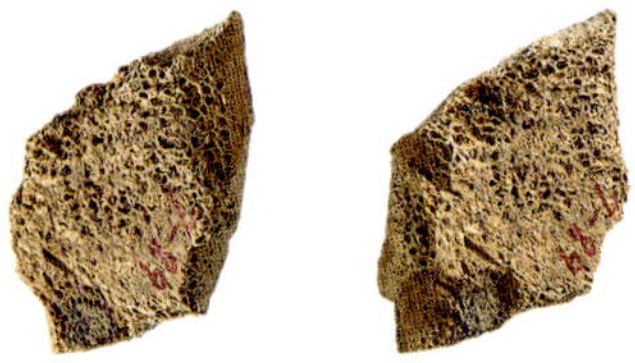

鑽鑿面

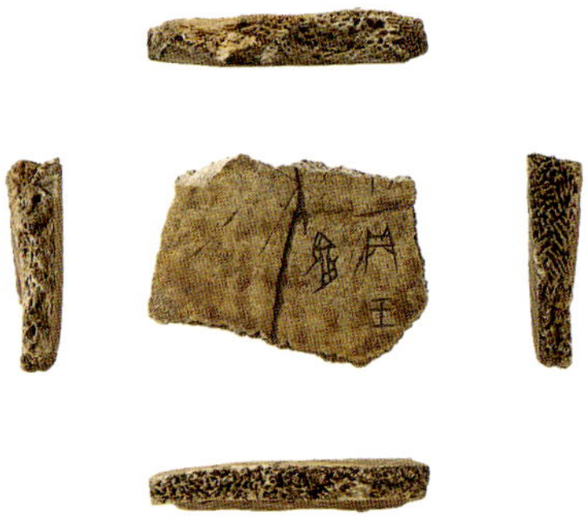

392 正、側

反

393 正、側

反

鑽鑿面

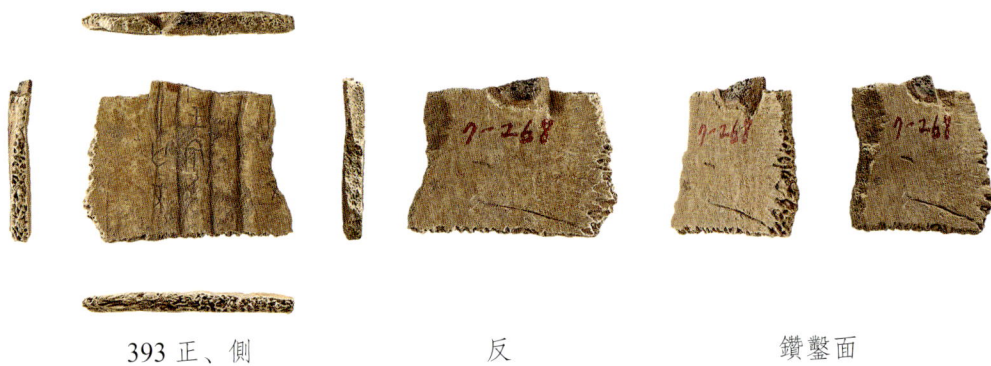

394 正、側　　反　　鑽鑿面

395 正、側　　反　　鑽鑿面

396 正、側　　反

397 正、側　　反

398 正、側　　反　　鑽鑿面

399 正、側　　反

400 正、側　　反

401 正、側　　反　　鑽鑿面

402 正、側　　反

403 正、側　　反　　鑽鑿面

404 正、側　　反　　鑽鑿面

405 正、側　　反　　鑽鑿面

406 正、側　　反　　鑽鑿面

407 正、側　　反　　鑽鑿面

408 正、側　　反　　鑽鑿面

409 正、側　　反　　鑽鑿面

410 正、側　　　　反　　　　鑽鑿面

411 正、側　　　　反　　　　鑽鑿面

412 正、側　　　　反　　　　鑽鑿面

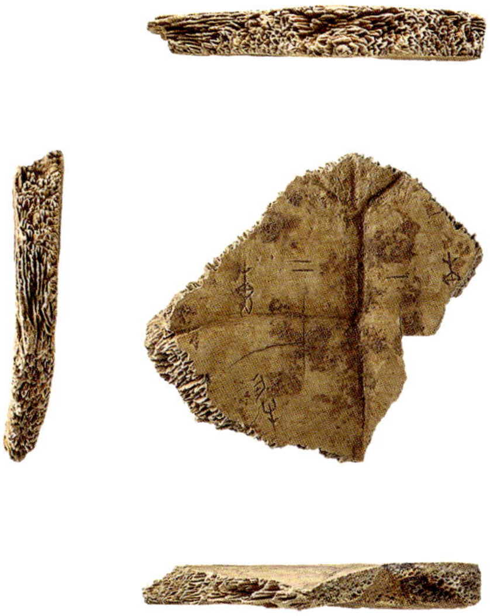

413 正、側

反

鑽鑿面

414 正、側

反

鑽鑿面

415 正、側

反

鑽鑿面

416 正、側　　反　　鑽鑿面

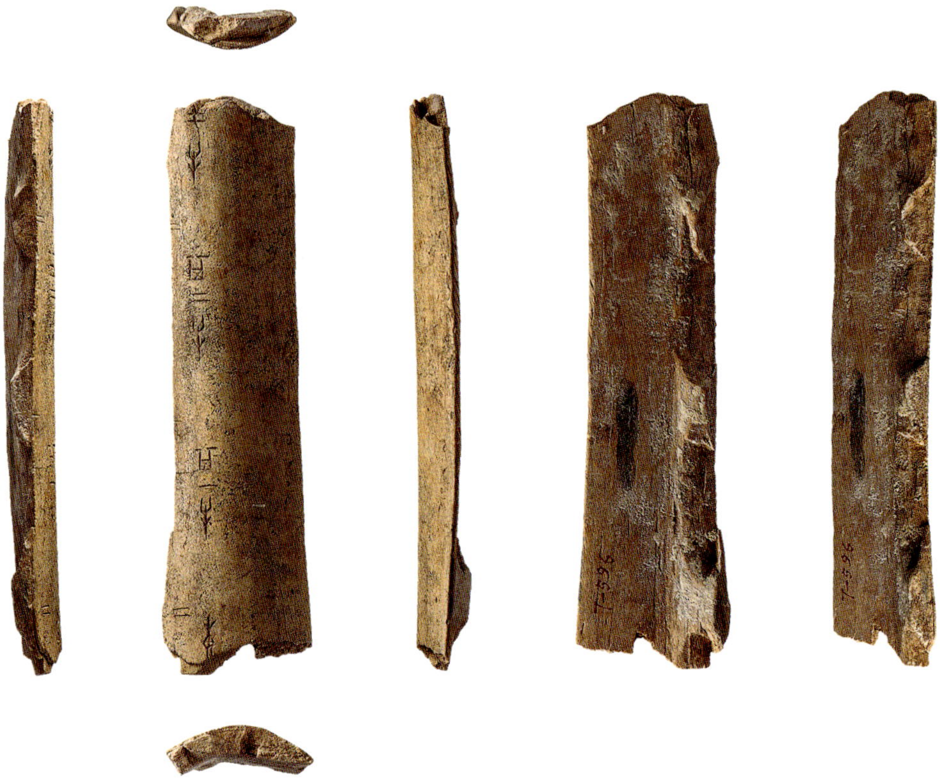

417 正、側　　反　　鑽鑿面

418 正、側

反

鑽鑿面

419 正、側

反

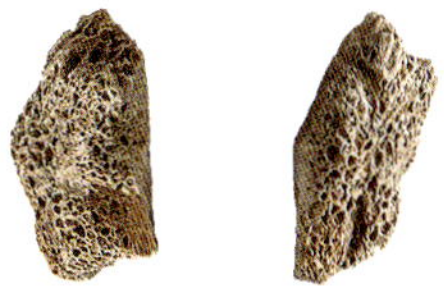

鑽鑿面

420 正、側

反

鑽鑿面

反

421 正、側

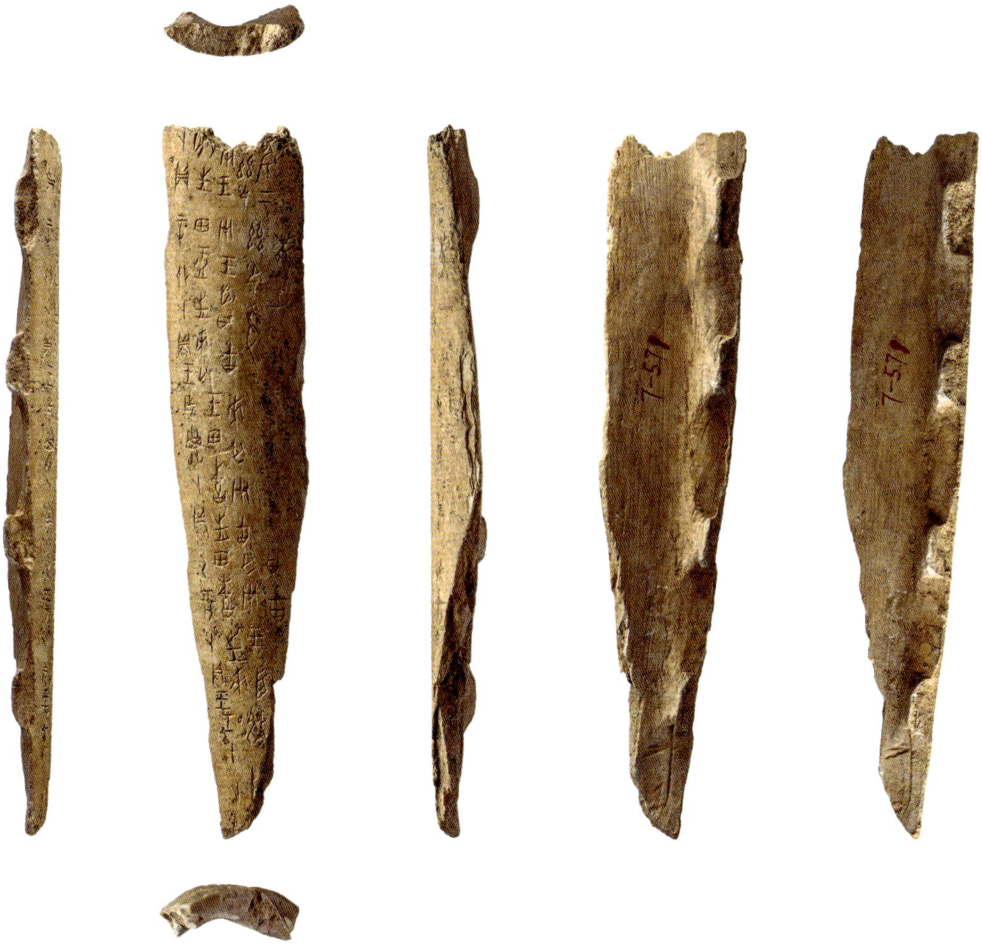

422 正、側　　反　　鑽鑿面

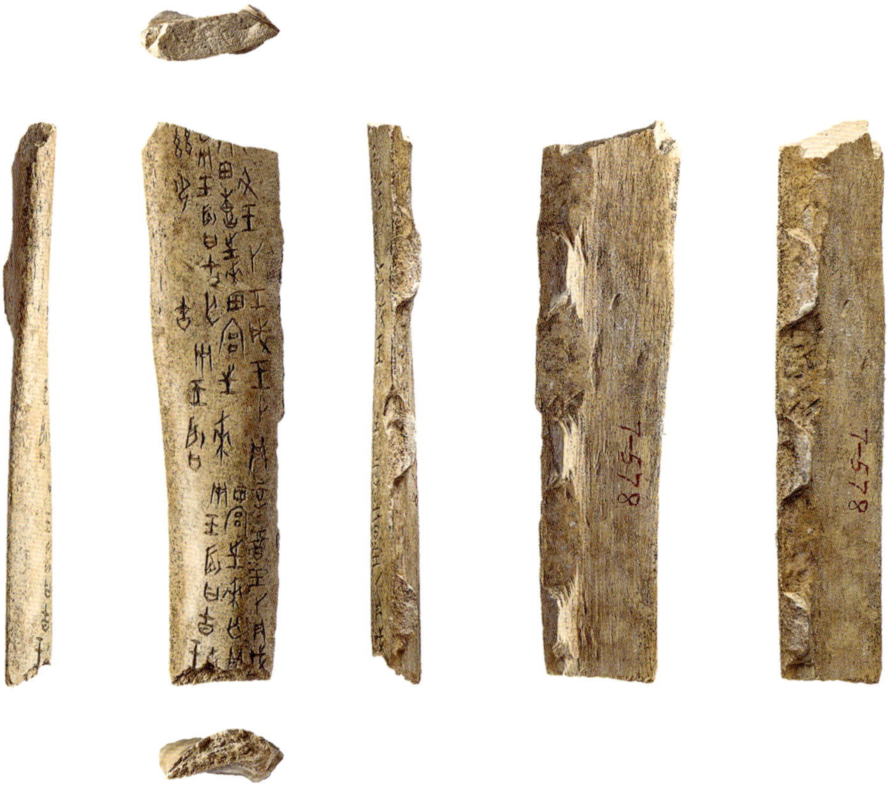

423 正、側　　反　　鑽鑿面

424 正、側　　反　　鑽鑿面

425 正、側　　反　　鑽鑿面

426 正、側　　反　　鑽鑿面

427 正、側　　反　　鑽鑿面

428 正、側　　反　　鑽鑿面

429 正、側　　反　　鑽鑿面

430 正、側　　反　　鑽鑿面

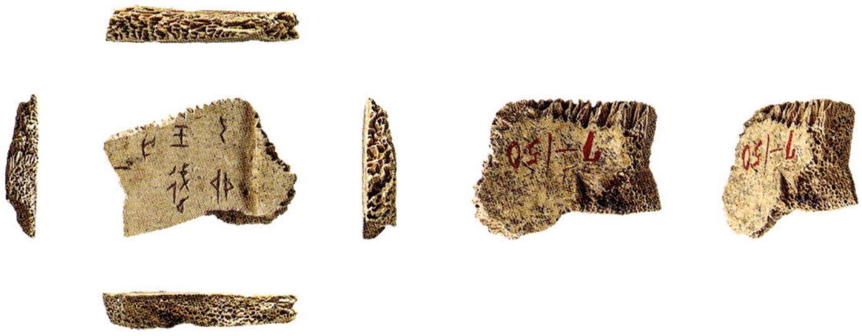

431 正、側　　反　　鑽鑿面

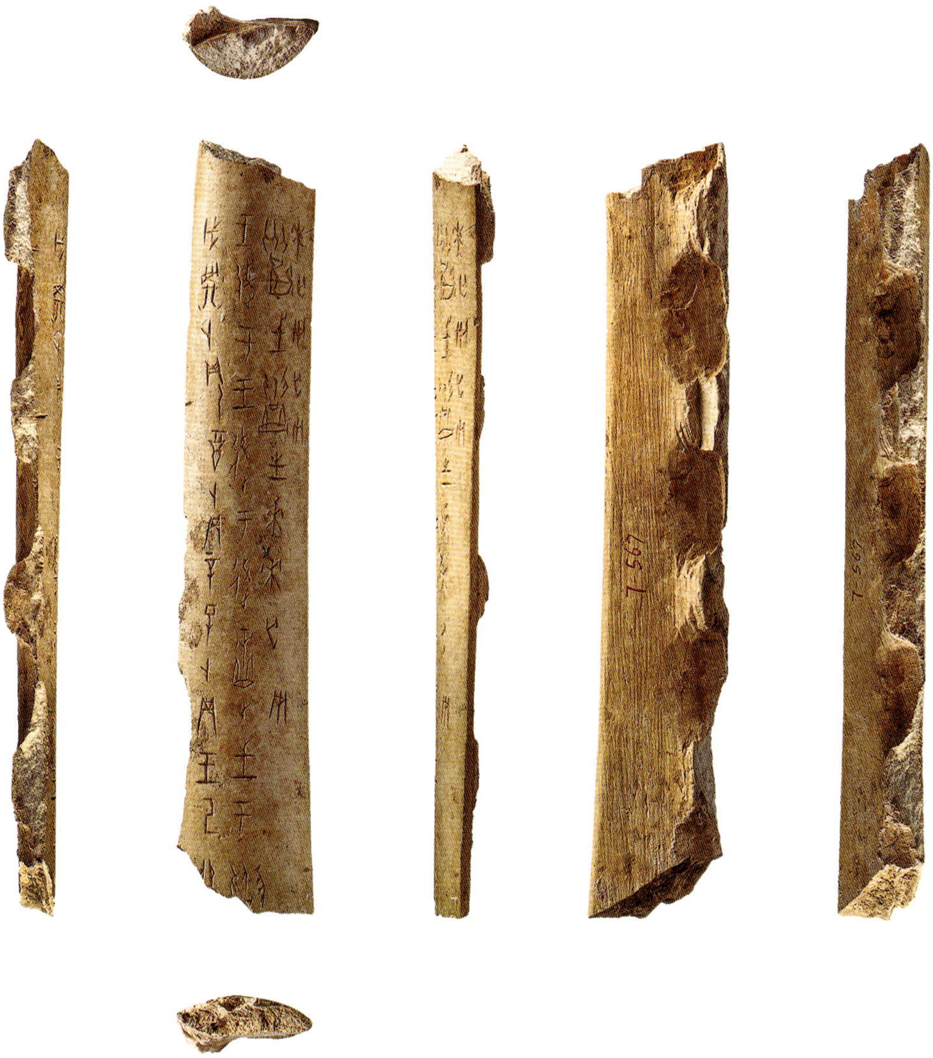

432 正、側　　反　　鑽鑿面

433 正、側　　反　　鑽鑿面

434 正、側　　反　　鑽鑿面

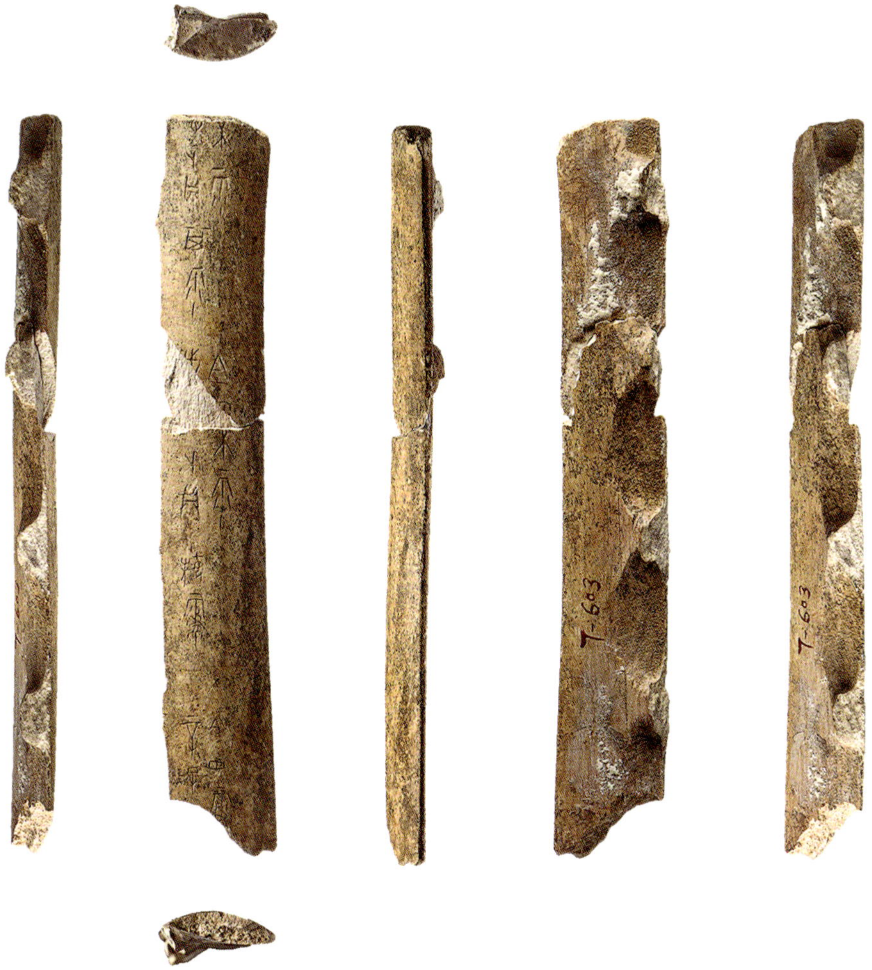

435 正、側　　反　　鑽鑿面

436 正、側　　反　　鑽鑿面

437 正、側　反　鑽鑿面

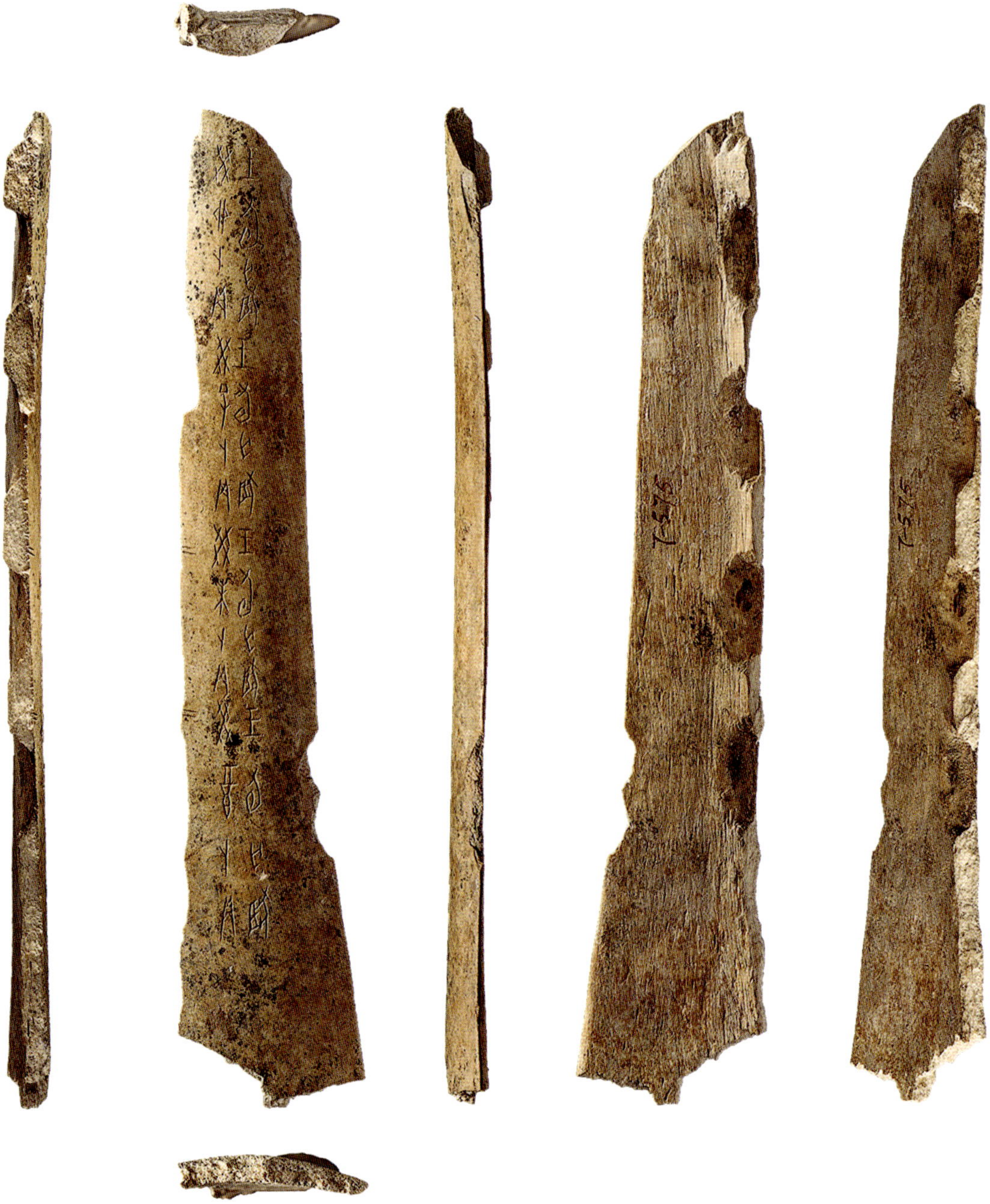

438 正、側　反　鑽鑿面

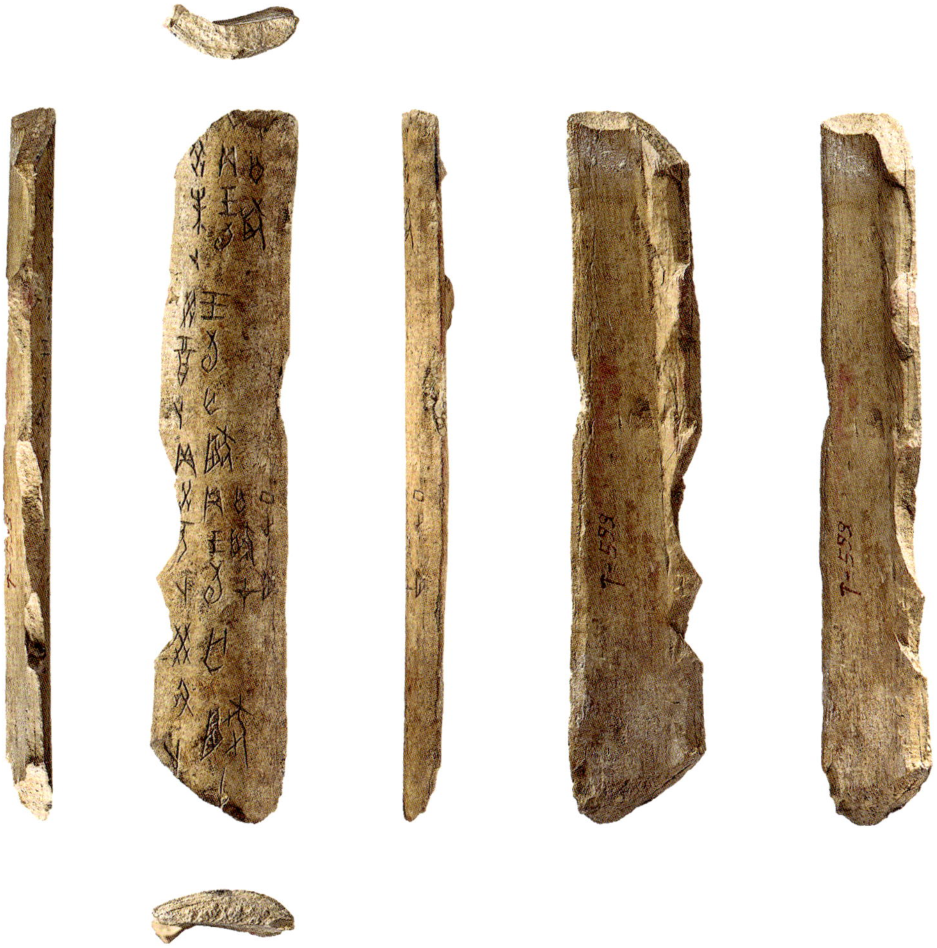

439 正、側　　反　　鑽鑿面

440 正、側　　反　　鑽鑿面

441 正、側

反

鑽鑿面

442 正、側

反

鑽鑿面

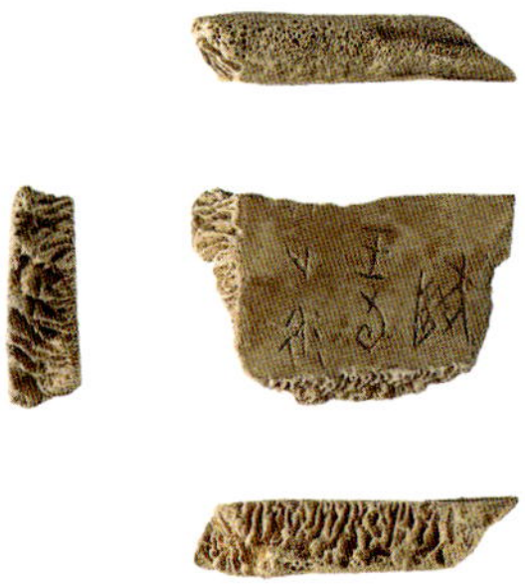

443 正、側

反

鑽鑿面

444 正、側　反　鑽鑿面

445 正、側　反　鑽鑿面

446 正、側　反　鑽鑿面

447 正、側　　反　　鑽鑿面

448 正、側　　反　　鑽鑿面

449 正、側　　反　　鑽鑿面

450 正、側　　反　　鑽鑿面

451 正、側　　反　　鑽鑿面

452 正、側　　反　　鑽鑿面

453 正、側

反

454 正、側

反

鑽鑿面

455 正、側

反

456 正、側　　反　　鑽鑿面

457 正、側　　反　　鑽鑿面

458 正、側　　反　　鑽鑿面

459 正、側　　反　　鑽鑿面

460 正、側　　反　　鑽鑿面

461 正、側　　反　　鑽鑿面

鑽鑿面

反

462 正、側

鑽鑿面

反

463 正、側

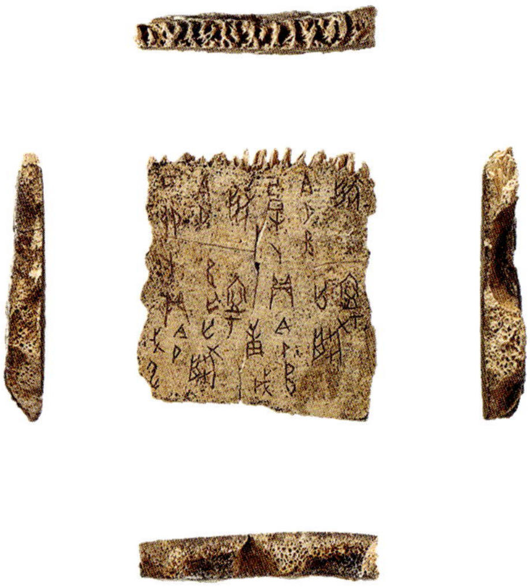
464 正、側

反

鑽鑿面

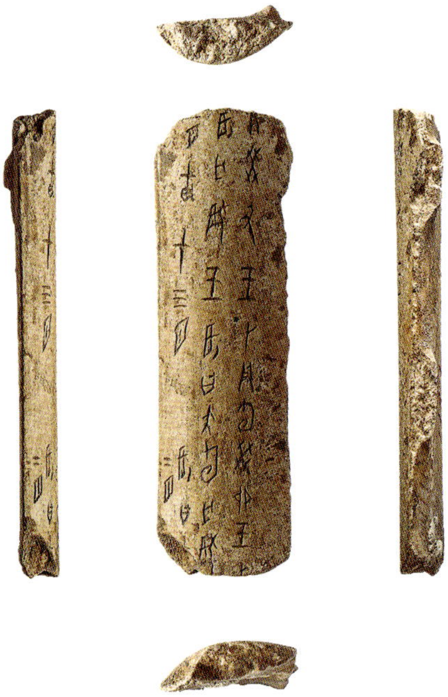
465 正、側

反

鑽鑿面

466 正、側　　反　　鑽鑿面

467 正、側　　反　　鑽鑿面

468 正、側　　反　　鑽鑿面

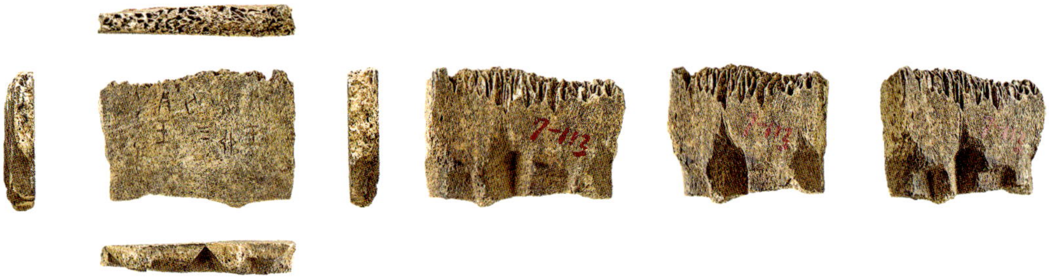

469 正、側　　反　　鑽鑿面

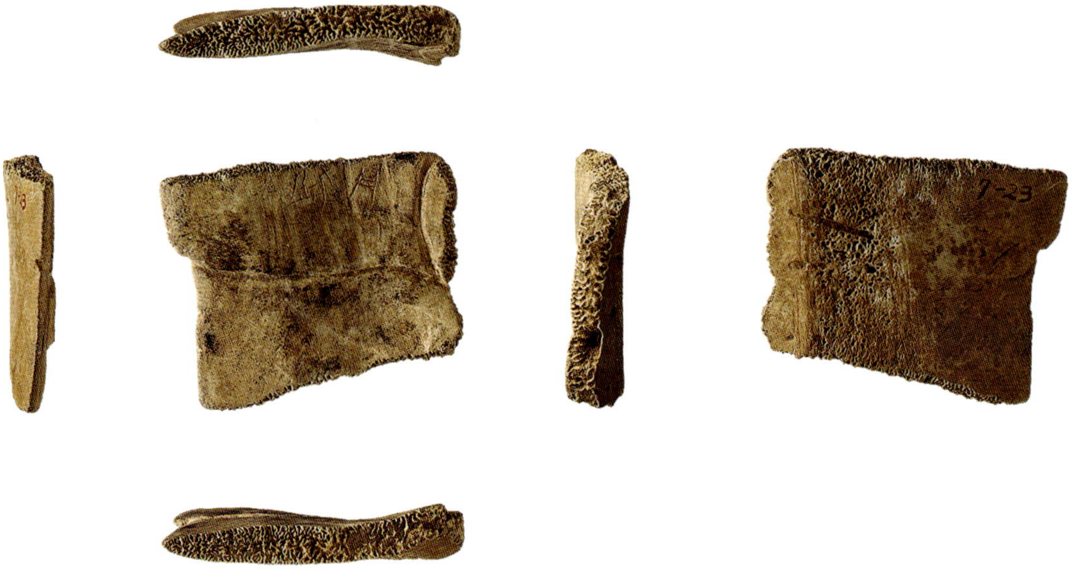

470 正、側　　反

471 正、側　　反　　鑽鑿面

472 正、側　　反

473 正、側　　反

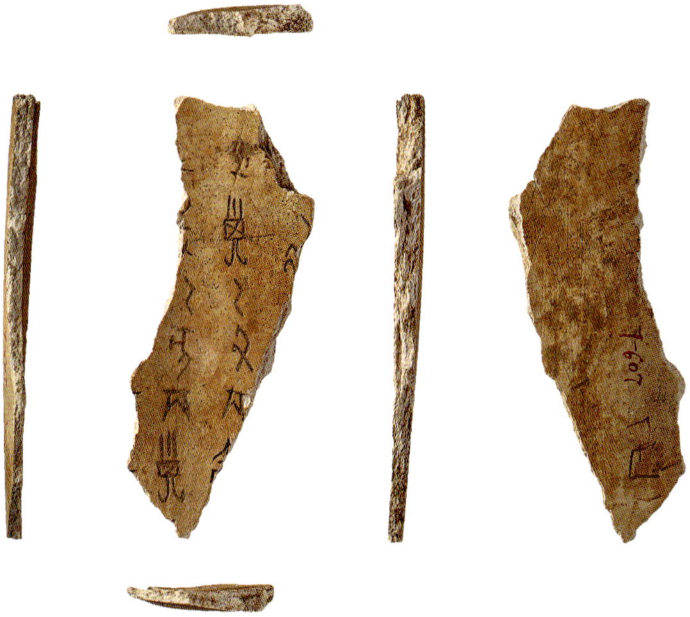

474 正、側　　反

475 正、側　　反

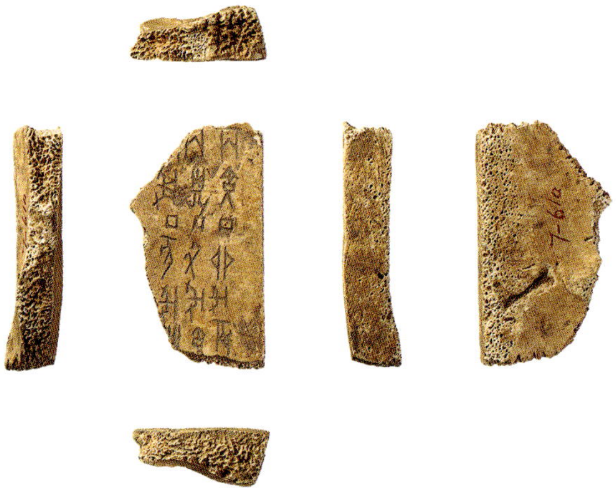

476 正、側　　反

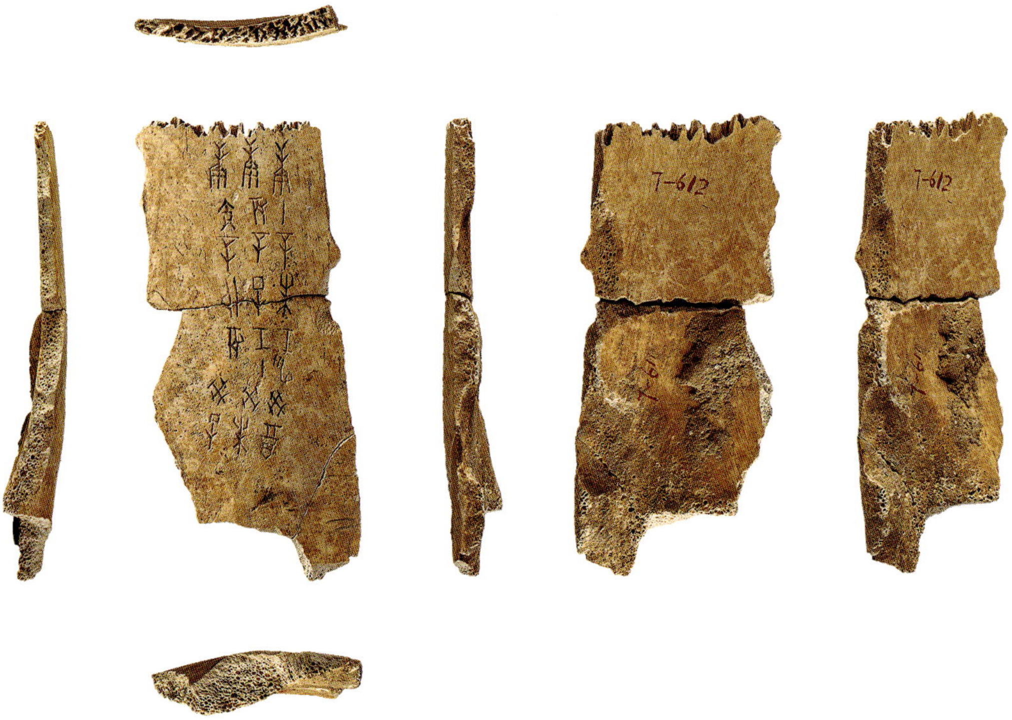

477 正、側　　反　　鑽鑿面

478 正、側

反

479 正、側

反

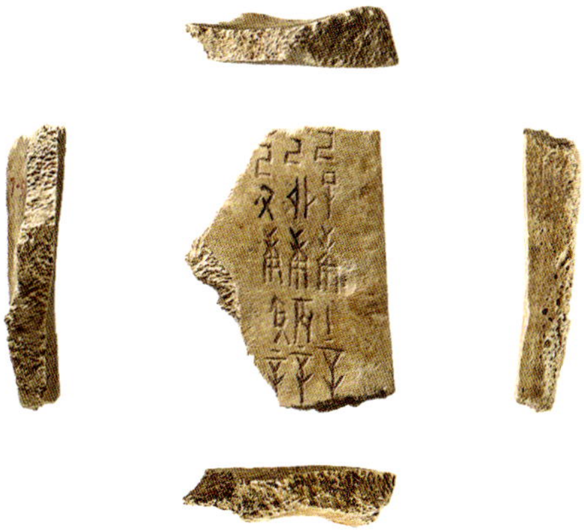

480 正、側

反

481 正、側

481 反

鑽鑿面

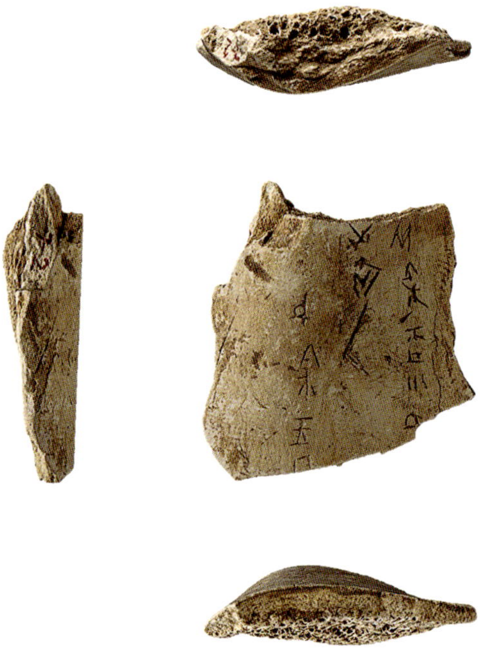

482 正、側

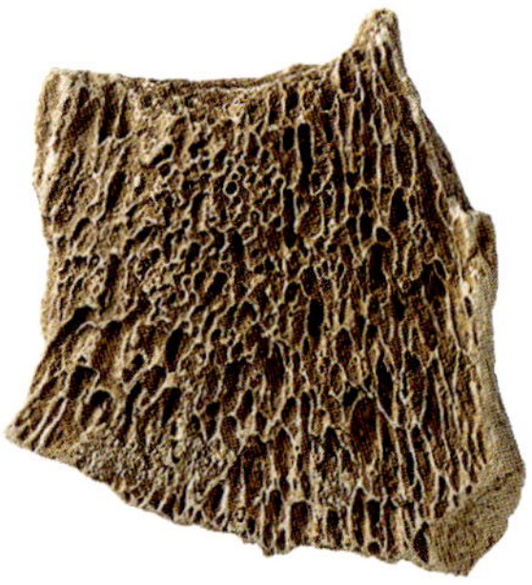

反

483 正、側

反

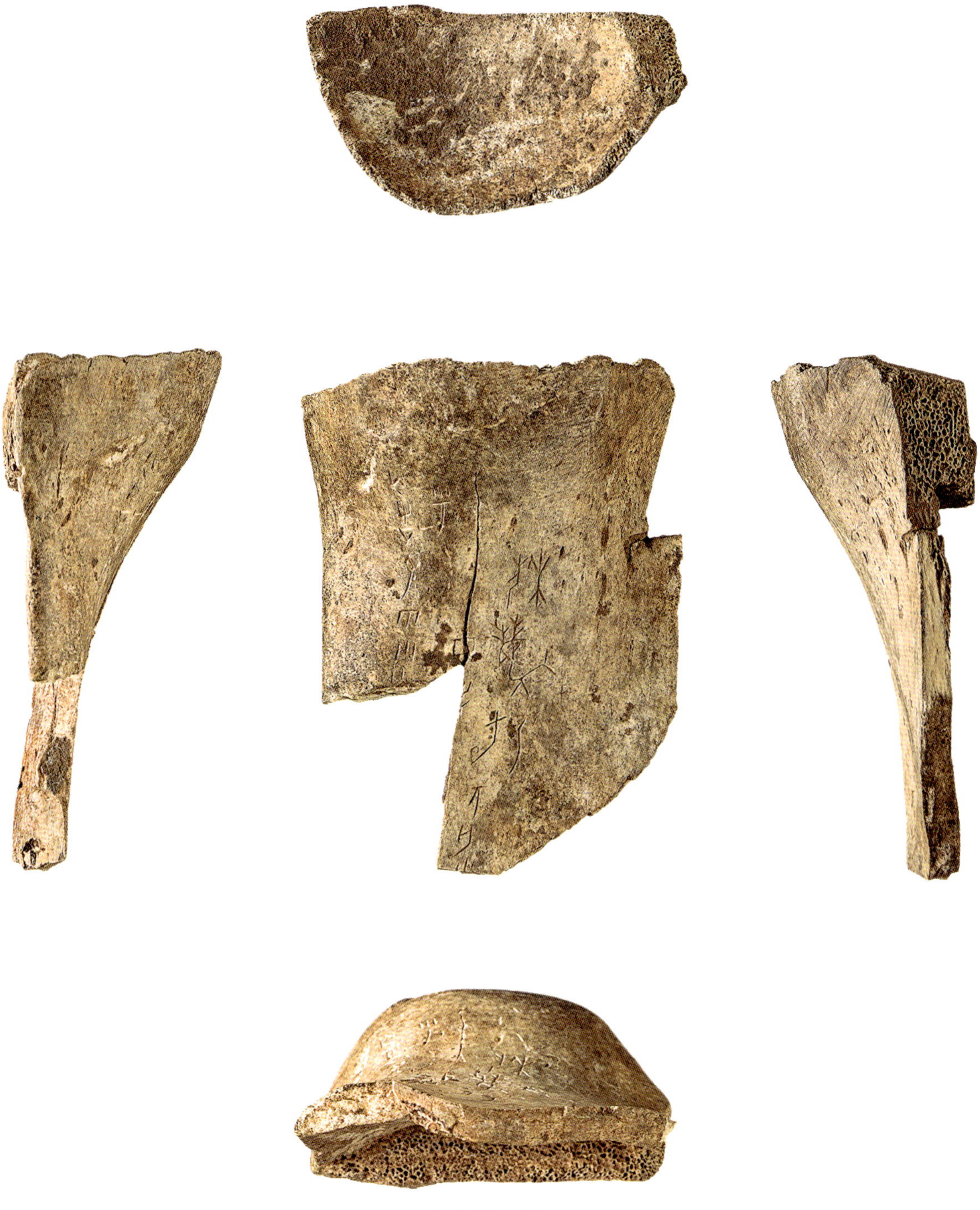

484 正、側

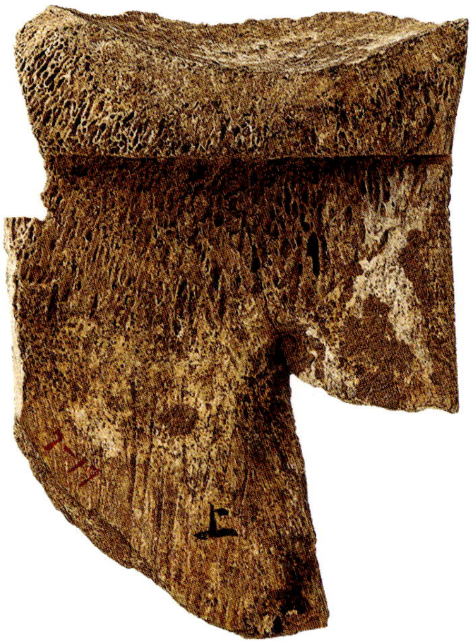

484 反

鑽鑿面

485 正、側

反

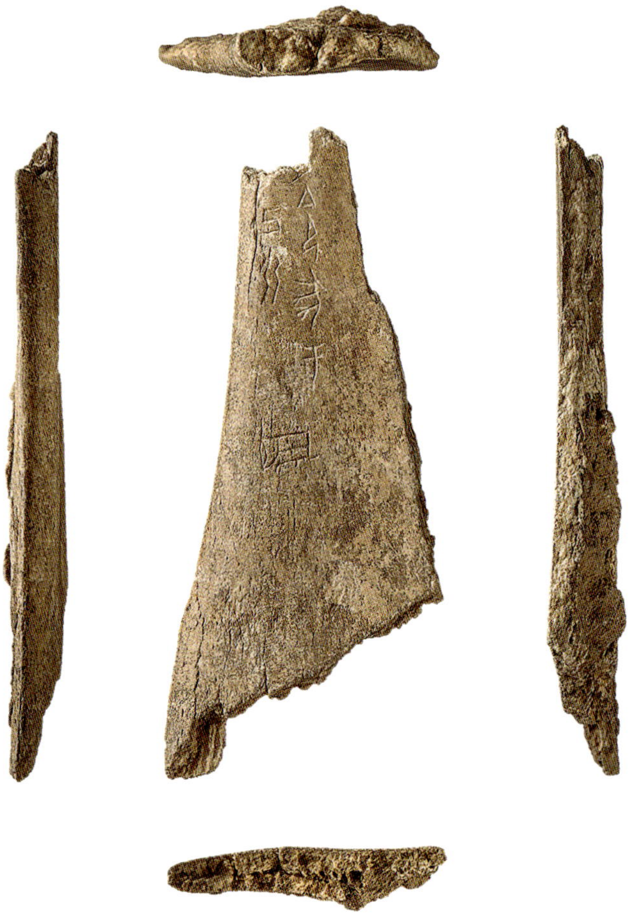

486 正、側

反

487 正、側

反

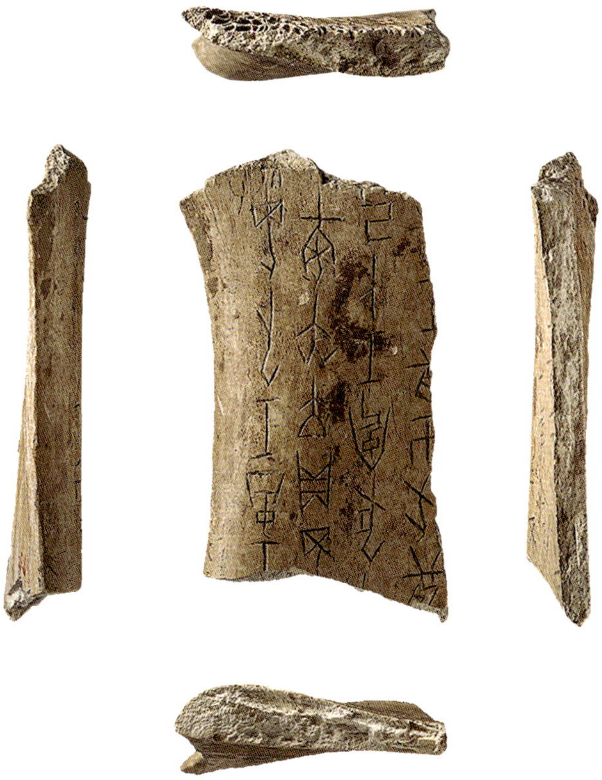

488 正、側

反

489 正、側

489 反

489 鑽鑿面

490 正

490 反

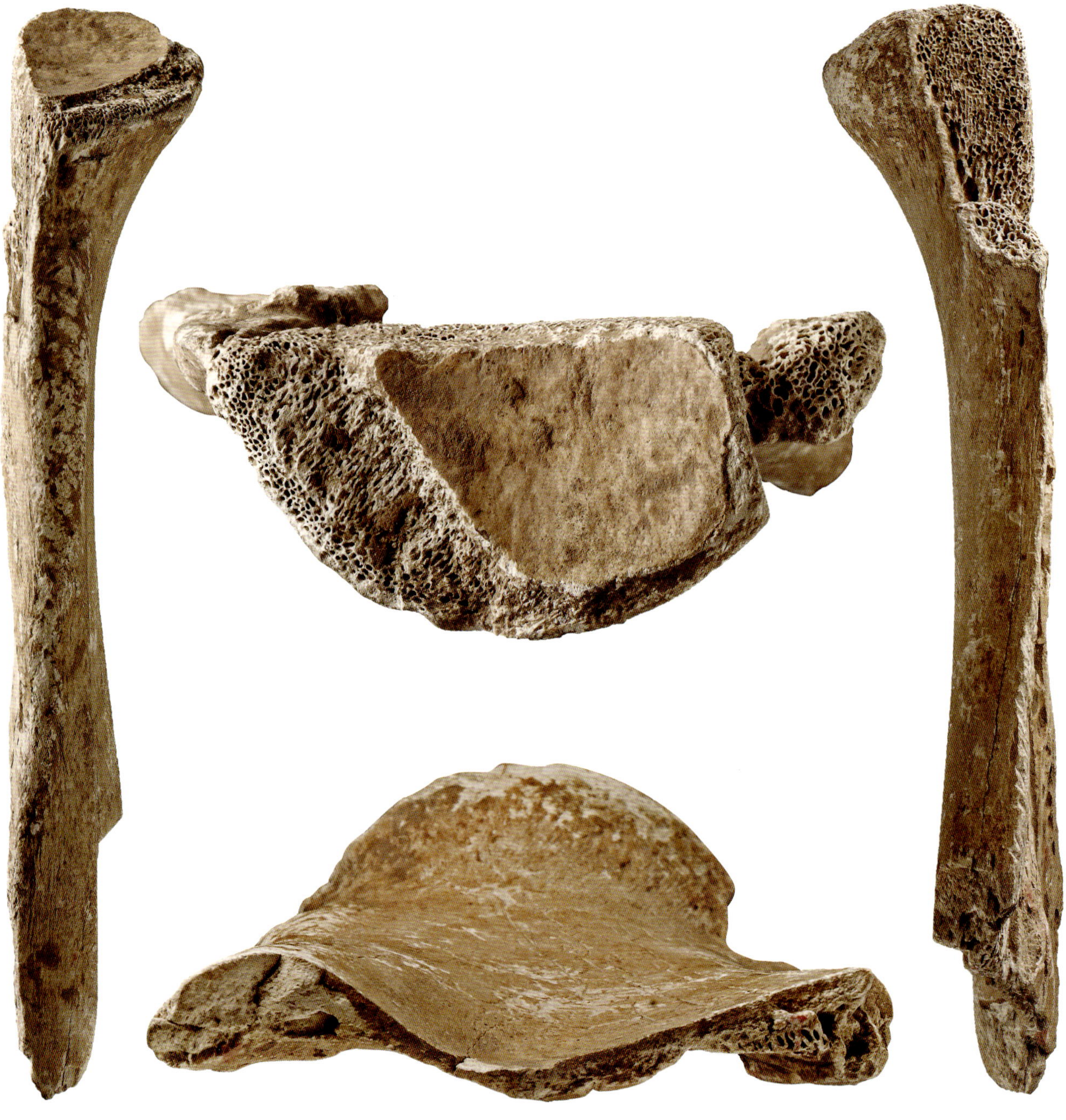

490 側

491 正、側　　反　　鑽鑿面

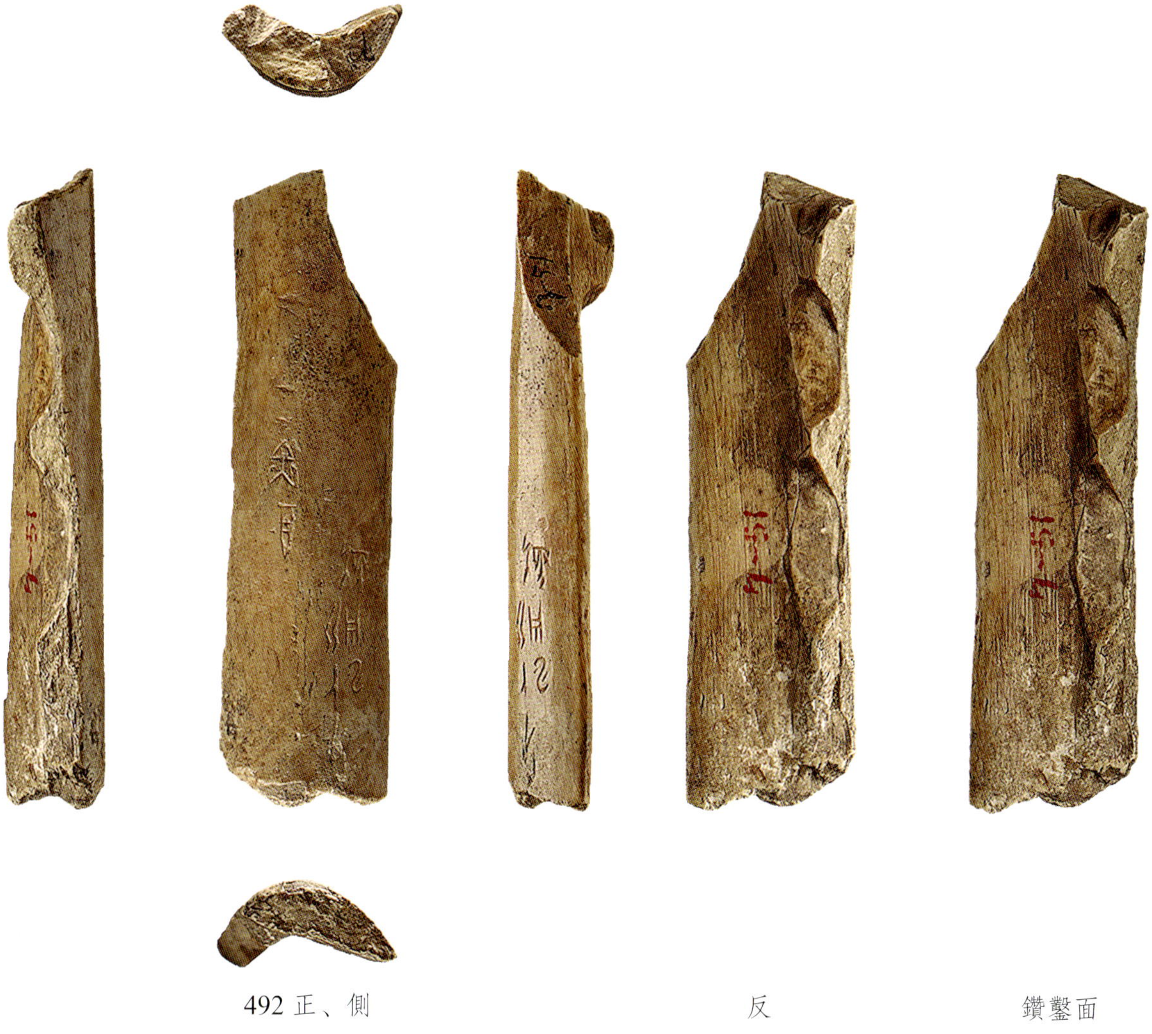

492 正、側　　反　　鑽鑿面

493 正

493 反

493 左

右

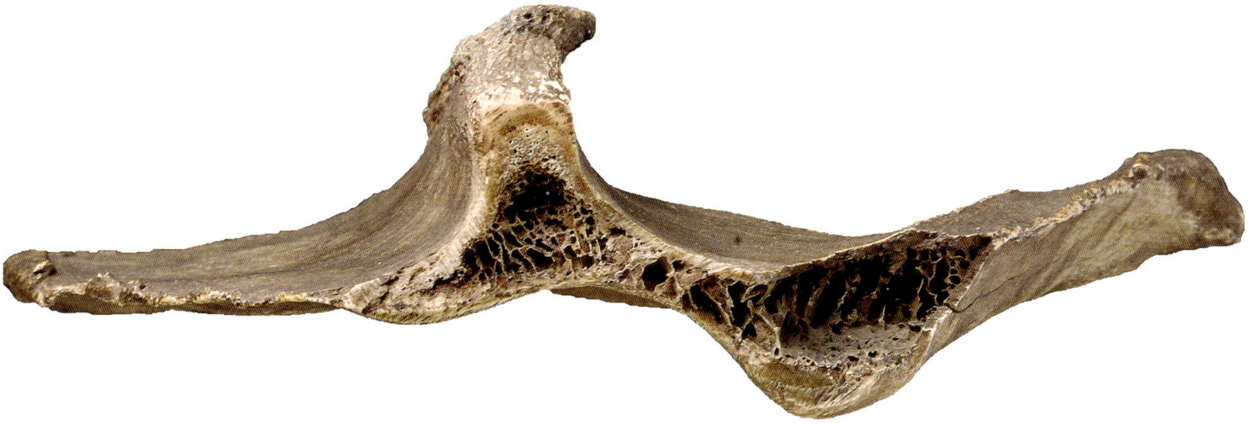

493 上

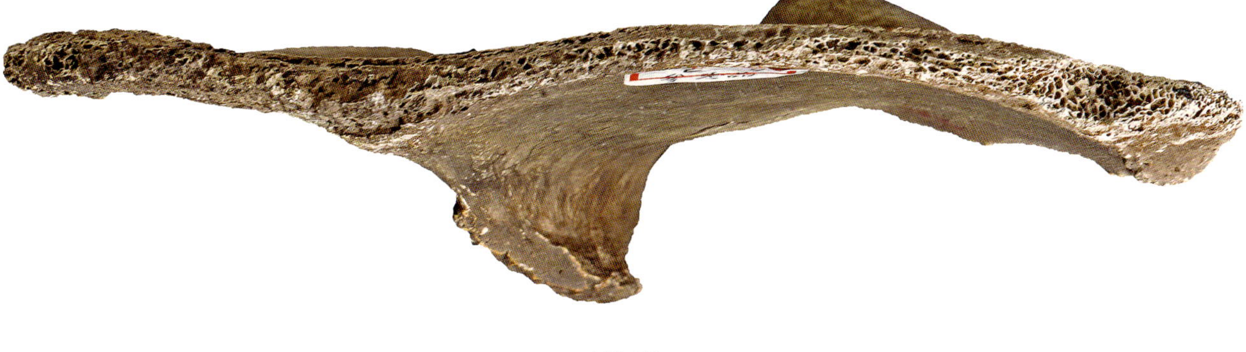

493 下

494 正、側　　反

495 正、側　　反

496 正、側　　反